지금 이 순간
프랑스
유혹에 빠지거나 매력에 미치거나

박정은 지음

상상출판

Prologue

―

나의 첫 번째와 두 번째 에세이가 하나로 묶여 재출간하게 됐다. 첫 번째 에세이는 『EBS 세계테마기행』 시리즈 중 하나로 프랑스 책이다. 두 번째 에세이는 첫 번째 책에 원고가 넘쳐 넣을 수 없었던 파리만을 따로 쓴 에세이다. 이번 책으로 파리와 프랑스에서 추천하고 싶은 도시가 한 권으로 합쳐지게 되어 뿌듯하다. 다시 세련되게 다듬어져 세상에 나올 생각을 하니 매우 기쁘고, 재출간을 하자고 제안해 준 출판사도 고맙다. 원고를 다듬고 빼고 덧붙이기 위해 오랜만에 첫 에세이를 읽어보니 서툶에 얼굴이 간질간질했다. 서툰 글 솜씨도 있지만 얼굴이 간질거리는 더 큰 이유가 있다. 1994년, 어수룩했던 나의 첫 여행이 시작된 곳이 바로 프랑스이기 때문이다. 사연 많고 탈도 많았던 첫 '트래블Travel'의 '트러블Trouble'이 고스란히 기록되어 있어 더 애틋하다.

    파리에 도착했을 때 끝없는 어둠 속으로 떨어지는 것 같던 그 아득함. 매일 만나던 검은 머리에 한국어를 사용하는 사람들은 온데간데없고, 어느새 알아들을 수 없는 불어만 들렸을 때 엄습해오던 공포. '나 혼자만 다른 세상에 남겨지다니. 맙소사!' 그때 난 스무 살이었다.

    그렇게 떠난 여행은 꼬뜨 다쥐르의 중심, 니스에서 모든 걸 잃어버린 후 절망의 나락으로 빠져들고 말았다. 1년 동안 아르바이트를 해서 번 돈으로 여행을 시작한 지 보름쯤 되었을 때다.

만약 그때 상심해 한국으로 돌아와 버렸다면 내 삶은 어떻게 되었을까 종종 생각해 본다. 아마도 여행과 관련한 글을 쓰고, 사람들을 만나고, 강연을 하는 일과는 동떨어진 길을 걷고 있지 않을까.

여행을 뺀 삶은 상상조차 할 수 없을 만큼 내 인생의 중요한 부분을 차지하게 된 지금, 첫 여행지인 프랑스는 여전히 내가 사랑하는 나라다. 비록 니스에서 분실사건을 겪은 이후에 20년이 지난 최근까지도 프랑스에서 여러 차례 도난사건을 겪었지만 말이다.

여행 전에 프랑스인을 상상해 보면 이랬다. 45도쯤 턱을 들고 눈은 오만하게 반쯤 내리깔고, 영어를 할 수 있지만 불어에 대한 자부심이 높기 때문에 절대 영어를 사용하지 않는다. 이 세상에 자신들만큼 위대한 나라는 없다는 콧대 높은 사람들. 하지만 여행을 하면서 느낀 프랑스인들은 달랐다. 영어는 정말 못해서 사용하지 못하는 것이었고(요즘은 도시 곳곳에 'Do you Speak English? 영어학원' 광고가 붙어 있다). 첫 여행의 가장 큰 충격은 바로 똘레랑스(관용)의 정신이었다. 흑이 아니면 백이라 배운 우리나라의 교육과 달리 흑과 백 사이에

　완충 지대가 있다는 것을 처음으로 보여 준 나라. 그 정신은 일상 속에서도 곳곳에서 작용해 한국에서 온 이방인인 나에게는 그것이 '자유를 가장한 방종'으로 보일 만큼 커다란 문화 충격으로 다가왔다. 한국으로 돌아와 홍세화의 『나는 파리의 택시운전사』를 읽고 나서야 '똘레랑스'가 무엇인지 알게 되었다. 그리고 여러 번 프랑스를 방문하면서 느끼게 된 '에밀 졸라' 같은 역사를 아우르는 지식인들의 양심은 권력의 시녀 역할을 하는 한국의 지식인들에 대해 다시 생각하게 해 주었다. 예술적인 창의력과 삶의 여유와 낭만을 즐기는 그네들의 모습은 좁은 테두리 안에서 무언가에 쫓기듯 항상 바쁘게만 살아가는 우리네 삶과 비교되어 질투가 나기도 했다.

　예전의 여행이 생존하며(음식은 빵과 잼으로 때우고, 숙소 대신 야간열차를 이용하는) 최대한 여러 나라를 둘러보는 방식이었다면, 지금은 달라도 너무 달라졌다. 프랑스의 주요 도시인 파리와 니스만 들르던 여행 스타일에서 점차 여러 소도시들을 함께 방문하는 스타일로 변했고, 프랑스의 음식과 문화를 충분히 즐기며 여유 있게 여행하는 스타일로 바뀌었다. 여러 나라의 주요 도시들만

도는 여행에서 한두 나라를 제대로 돌아보겠다는 여행자도 많아졌다. 이는 우리나라의 경제 수준이 높아지고, 사회·문화적인 발전과 여유가 생기면서 변한 양상으로 매우 기쁘게 생각한다.

    나는 내 서투른 첫 여행처럼 처음 여행을 떠나는 사람들이 두려움을 조금은 없애고, 한국에는 덜 알려진 프랑스의 여러 마을과 도시에 대한 흥미를 느끼게 하기 위해 이 책을 썼다. 최소한 책으로나마 매력적인 프랑스의 정취를 마음껏 느꼈으면 좋겠다. 나아가 프랑스로 떠나는 여행을 준비하기를 기대해 본다.

2015. 01
박정은

Contents

프롤로그 ∘ 004

1 파 리

신의 시대에서 인간의 시대로 **노트르담 드 파리** ∘ 014
낯선 사람에게 함부로 대하지 말라 **셰익스피어 & 컴퍼니** ∘ 022
허무한 바스티유 감옥 습격사건 **바스티유** ∘ 028
멈출 수 없는 혁명의 잔인함 **콩시에르주리** ∘ 032
한국과 프랑스의 첫 인연 **파리 외방 전교회** ∘ 036
소피와 함께한 일요일의 산책 **마레** ∘ 042
십년감수한 생 드니 성당사건 **바질리크 생 드니** ∘ 054

2 브르타뉴 · 노르망디

천국으로 가는 길 **몽생미셸** ∘ 062
탐험가들의 요람 **생 말로** ∘ 068
바닷물 따라 밀려오는 사랑 예감 **에트르타** ∘ 072

3 아키텐·미드 피레네

와인의 샹제리제 **보르도** ◦ 078
Inside France 보르도 와인의 역사 ◦ 100
Inside France 세계에서 가장 비싼 와인·와인 라벨 읽는 법 ◦ 101
난공불락의 요새 도시 **카르카손의 라 시테** ◦ 102
세계 3대 성모 발현지 **루르드** ◦ 106
Inside France 기적의 루르드 샘물에는 어떤 성분이 있을까? ◦ 115
순례자의 길이 시작되는 곳 **생 쟁 피 드 포르** ◦ 124

4 꼬뜨 다쥐르

아름다운 물빛의 휴양 도시 **니스** ◦ 138
지중해의 낭만으로 물든 아름다운 마을 **에즈** ◦ 150
세기의 결혼식과 몬테카를로 카지노 **모나코** ◦ 154
르누아르의 행복한 집 **깐 쉬르 메르** ◦ 170
피카소의 마지막 생을 기억하다 **앙티브** ◦ 180
Inside France 피카소와 피카소의 연인들 ◦ 183
프랑스 향수의 본고장 **그라스** ◦ 188
Inside France 향수의 기원 ◦ 193
마티스가 남긴 최고의 걸작 로사리오 성당 **방스** ◦ 200
동화처럼 아름다운 샤갈의 마을 **생 폴 드 방스** ◦ 208
Inside France 마르끄 샤갈 ◦ 212

5 프로방스

연극 축제의 열기 **아비뇽** · 218
Inside France 아비뇽 축제의 역사 · 231
로마인들의 놀라운 과학 **퐁 뒤 가르** · 236
검투사와 투우사 **님** · 244
빈센트 반 고흐의 빛 **아를** · 252
반 고흐의 요양소 **생 레미 데 프로방스** · 272
Inside France 고흐의 가족 이야기 · 281
몽테크리스토 백작의 복수 **마르세유** · 282
Inside France 몽테크리스토 백작과 에피소드 · 289
Inside France 팡테옹과 알렉산드르 뒤마 · 292

6 론 알프스

기놀과 맛있는 프랑스 요리 **리옹** ◦ 298
프랑스인들의 영원한 자부심 **샤모니** ◦ 316

7 부록_프랑스 좀 더 알기

프랑스의 역사 ◦ 324 / 프랑스는 어떤 곳일까? ◦ 327
지리와 기후 ◦ 328 / 음식 ◦ 328 / 숙박 ◦ 329 / 교통 ◦ 329
여행할 때 주의할 점 ◦ 330 / 화폐 ◦ 330 / 팁 문화 ◦ 330
쇼핑 ◦ 331 / 축제 ◦ 332 / 공휴일 ◦ 332 / 프랑스 지도 ◦ 333

프랑스의 시작

1
파리

파리는 프랑스의 시작이다. 10세기 노르만족과의 싸움을 승리로 이끈 파리의 백작, 위그 카페가 카페왕조를 세우면서 파리 중심의 프랑스 역사가 시작됐다. 노트르담 대성당과 루브르 궁전과 같은 중요한 건축물들이 세워지고 프랑스 역사의 전환점이 되었던 사건들 역시 파리에서 벌어졌다. 바스티유 감옥 습격사건, 파리 코뮌, 68혁명 등 전 세계 관광객들이 방문하는 파리는 프랑스 역사의 대부분이 담겨 있다.

파리
-
Paris

신의 시대에서 인간의 시대로
노트르담 드 파리 Notre Dame de Paris

―

극장 안의 모든 조명이 꺼졌다. 관객들은 기대감으로 눈을 반짝였고, 긴장감에 소리 없이 침을 삼켰다. 서서히 낮은 조명이 켜지고 음유시인 그랭그와르가 조용히 노래를 시작했다. "아름다운 도시 파리, 전능한 신의 시대, 때는 1482년 욕망과 사랑의 이야기……."

이제껏 본 뮤지컬 중 가장 인상적이었던 오프닝, 〈대성당의 시대 Le Temp des Cathedrales〉가 울려 퍼졌다.

중세 시대는 인간의 욕망은 보이지 않는 곳에 감춘 채 오직 신만을 이야기했던 때다. 신과 조금이라도 더 가까워지기 위해 돌을 쌓고 또 쌓으며 이웃 나라들과 성당의 높이 경쟁이 치열했다. 감춰진 욕망만큼이나 성당은 점점 화려해졌고 비싼 그림들로 벽면을 가득 채웠다. 길고 높은 창에는 형형색색의 스테인드글라스로 무지한 사람들을 위해 신의 역사를 써 내려갔다. 빅토르 위고의 『노트르담 드 파리 Notre Dame de Paris』는 이러한 신의 시대에서 인간의 시대로 넘어가는 과정을 그렸다.

신부가 이교도인 집시 여성, 아름다운 '에스메랄다'에게 연정을 품고, 이

파리
-
Paris

여인을 품기 위해 죄를 범하는 이야기를 어디 중세 시대에 상상이나 할 수 있었을까. 에스메랄다의 사랑은 근위대장을 향했지만, 신부 밑에서 자란 꼽추 콰지모도 역시 에스메랄다를 사랑했다. 콰지모도가 흉측하다는 이유만으로 매를 맞고 몸이 묶여 물 한 모금을 달라 애원하자 유일하게 다가온 그녀였다. 에스메랄다는 아름답다는 이유만으로 신부와 근위대장에게 마법을 걸어 유혹한 마녀라고, 집시이자 이교도라는 이름으로 교수형을 당하고 만다. 콰지모도는 에스메랄다를 죽음으로 몰고 간 신부를 죽이고, 그 곁에서 죽음을 맞는 것으로 이야기는 끝이 난다.

    소외되고 낮은 곳에 있는 사람들을 보살펴야 할 성직자는 이들을 누구보다 앞장서 탄압하고 죽음으로 몰고 갔다. 신을 섬기는 자의 내면은 추악했고, 그녀가 사랑했던 남자는 에스메랄다를 그저 욕망의 대상으로 생각했으며, 반면에 가장 추악하다 여겨졌던 콰지모도는 가장 인본주의적인 아름다움의 소유자였다. 비극적인 소설의 결말처럼 대성당의 시대는 끝이 나고 인간 중심의 시대가 태동하기 시작한다. 그 씨앗은 콰지모도다. 에스메랄다의 시체를 안고 다시 예전처럼 노래하고, 춤추라 노래하던 콰지모도의 절규에 나도 모르게 눈물이 그렁그렁해졌다. 중세 시대를 배경으로 했지만 오늘날에도 여전히 유의미한 이야기들에 거장 빅토르 위고와 뮤지컬 〈노트르담 드 파리〉의 극작가 뤽 플라몽동 Luc Plamondon에게 마음속 깊이 감사했다.

―

'ANArKH 아나키아'

28살의 빅토르 위고가 노트르담을 찾았을 때다. 한쪽 탑의 구석에서 손으로 새긴 'ANArKH 아나키아'를 발견했다. 아나키아는 그리스어로 '숙명'이라는 뜻. 빅토르 위고는 그 숙명이 얼마나 처절했기에 이 단어를 벽에 새기게 되었을까 생각했고, 그렇게 아나키아는 『노트르담 드 파리』 소설의 중요한 모티브가 되었다.

빅토르 위고는 이후 집 밖을 나가지 않고 6개월 만에 소설을 탈고했다. 소설은 발간 즉시 큰 인기를 얻었다. 소설의 흥행은 재정이 부족했던 19세기 노트르담의 복원 사업에도 일조했다. 빅토르 위고는 중세 시대 고딕 건축물을 그대로 보전해야 한다고 주장한 사람이기도 했다. 당시의 재건축 양

파리
-
Paris

018

종탑 전망대에서 바라본 파리 시내

종을 울리는 콰지모도가 상상이 됐다.

노트르담 종탑에 오르면 중세 시대로 돌아간 듯한 착각이 든다.

파리
-
Paris

식은 기존 건물을 그대로 복원·보존하는 것이 아니라, 당시의 기술로 분위기에 맞게 수정하는 것이었다. 빅토르 위고는 이것이 프랑스의 유산을 훼손하는 것이라 생각하고 자신의 작품 속에 15세기 노트르담의 아름다움을 알린 것이다.

빅토르 위고는 소설 속에서 꽤 많은 페이지를 할애해 당시 파리와 노트르담의 모습을 면밀히 묘사했다. 덕분에 15세기 파리의 모습이 마치 살아 있는 듯 그대로 눈앞에 그려지는데, 그 시대의 모습을 끌어내기 위해 고심했을 빅토르 위고의 모습이 떠올랐다. 프랑스를 여행하다 보면 도시 곳곳의 크고 주요한 도로 이름은 죄다 '빅토르 위고 대로Bd. Victor Hugo'인데 얼마나 프랑스인들의 전폭적인 존경과 사랑을 받고 있는지 이해가 되었다. 빅토르 위고와 그가 남긴 소설들, 그리고 노트르담은 프랑스인들에게 분명 각별한 존재일 것이다.

뮤지컬 〈노트르담 드 파리〉를 본 후로 파리의 노트르담 대성당이 달리 보이기 시작했다. 파리에 갈 때마다 노트르담 대성당은 꼭 한 번씩 들르게 됐고, 성당 앞에 서면 콰지모도가 성당의 종을 치는 모습을 상상했다. 꼽추 콰지모도가 우람한 양팔로 줄에 매달려 거대한 종을 힘차게 치는 모습, 그리고 그가 계단에서 밀어 죽인 클로드 신부의 모습까지 말이다.

성당 안은 여러 번 들어가 보아서 이번에는 콰지모도가 종을 울리던 종탑에 올라가 보기로 했다. 성당 왼쪽에 들어가는 입구가 있는데 사람들이 길게 줄을 서 있다. 엘리베이터를 타는 것도 아니고 어지러운 달팽이 계단을 무려 387개나 밟고 올라가야 하는데도 입장료는 꽤나 비싸다. 그러나 올라가 보면 파리 시내의 멋진 전망이 펼쳐진다. 관광객들로 가득 찬 노트르담 성당과 광장이 현대라면, 종탑에서 바라보는 느낌은 중세 시대의 파리로 돌아간 것만 같다. 무엇보다 소설 속 콰지모도가 어디선가 숨어 날 보고 있을 것 같은 신비로운 느낌이 드는 곳이다.

종탑에서는 곳곳에 자리한 가고일 상을 볼 수 있는데 곧 날아갈 듯 생생한 느낌이다. '가고일Gargoyle'은 날개가 있는 괴물 동상으로 원래 악마의 이미지로 만든 상이다. 다신교를 믿던 과거에 기독교가 유럽에 확산되자 그때까지 믿고 있던 신들은 사신邪神이 되어 버렸다. 기독교는 이 사신들을 포용해 건물 바깥에서 망을 보는 역할을 하게 하였는데, 그것이 바로 이 조각상이다. 콰지모도의 유일한 친구로 나온다. 가고일의 등 뒤에서 바라보는 파리의 모습은 신비하기만 하다.

TIP

뮤지컬 〈노트르담 드 파리〉

뮤지컬 〈노트르담 드 파리〉는 극작가이자 작사가인 뤽 플라몽동Luc Plamondon에 의해 1998년 9월 파리 팔레 드 콩그레Palais des Congres에서 초연했다. 첫 공연은 매진되었고, 전 세계 투어 공연을 통해 1500만 이상의 관객을 동원한 뮤지컬이다. 음악을 담당한 리까르도 꼬치안떼Riccardo Cocciante는 베트남 사이공 태생으로 이탈리아인 아버지와 프랑스인 어머니 사이에서 태어났다. 뮤지컬 음악으로 월드 뮤직 어워드World Music Award를 수상했다. 국내에는 2005년에 처음 소개되었다.

소설 『노트르담 드 파리』의 뒷이야기

빅토르 위고는 『노트르담 드 파리』를 단 6개월 만에 썼다. 그 기간 동안 한밤에 노트르담 성당을 방문하는 것 외엔 집 밖으로 외출을 하지 않았는데 이는 출판사와 관련이 있다. 출판사 사장인 죠슬링Gosselin은 빅토르 위고와 1829년에 책을 계약했는데 책이 지연되자 1830년 안에 끝내라고 말한 것이다. 빅토르 위고는 1830년 9월에 책을 쓰기 시작해 1831년 2월 소설을 탈고했다. 약속했던 시일보다 2개월이 늦었지만 역시 옛날이나 지금이나 출판사의 원고 독촉이야말로 글쓰기의 원동력인 것 같다.

파리
-
Paris

낯선 사람에게 함부로 대하지 말라
셰익스피어 & 컴퍼니 Shakespeare & Company

―

파리를 잘 안다고 생각했는데 이곳의 존재를 한참이나 뒤에 알게된 것에 사과해야겠다. 그것도 노트르담의 바로 지척에 있는데 말이다. 등잔 밑이 어둡다는 말이 바로 이런 뜻인가 보다.

내가 이곳을 알게 된 계기는 줄리 델피와 에단 호크가 주연한 영화, 〈비포 선셋〉 때문이었다. 오스트리아 빈을 배경으로 여행 중 기차에서 만난 이들이 교감을 나누는 하루 동안의 이야기가 10년 뒤 파리에서 다시 시작된다. 에단 호크는 그날의 이야기를 소설로 써서 베스트셀러 작가가 되었고 프랑스어판까지 낸다.

셰익스피어 & 컴퍼니는 이 책의 출간회 장소로 등장하는데 줄리 델피와 다시 만나게 되는 소중한 공간이다. 빈을 배경으로 한 영화에서도 그랬듯 파리 편 역시 파리의 잘 알려지지 않은 아름다운 곳을 소개했을 테니 이 서점에 대해 기대를 품은 것은 어쩌면 너무도 당연한 일이었다.

셰익스피어 & 컴퍼니는 외관부터 독특하다. 셰익스피어의 얼굴과 그에 대한 찬미시가 간판이니 말이다.

Thou art alive still while thy booke doth live.
그대의 책이 살아 있는 한 예술은 영원히 살아 있을 것이다.
벤 존슨 Ben Jonson, 1572~1637 의 「셰익스피어에 대한 찬미시」 중

서점의 과거 역시 독특했다. 미국인 조지 위트만 George Whitman 은 제2차 세계대전이 끝난 후, 자신이 가지고 있던 꽤 많은 양의 영어 책을 가지고 1951년 8월, 서점을 열게 된다. 전쟁 동안 많은 서적들이 불에 탔고, 사람들은 책을 읽고 싶은 마음이 간절했으니 서점은 꽤나 잘되었다.

그러던 어느 날, 위트만은 남미 여행을 떠나게 된다. 여행 중 병에 걸려 심하게 아팠는데 생면부지인 자신을 돌봐 준 현지인들에게 깊은 감동을 받는다. 대가 없는 친절에 어떤 깨달음을 얻고, 결심하게 된다. 자신의 서점을 열린 공간으로 공유하기로 말이다.

위트만의 실천은 이러했다. 가난한 소설가 지망생이나 예술가 지망생들에게 무료로 잠자리를 제공해 주는 것. 하지만 엄밀히 말하자면 무료는 아니었다. 그가 내건 조건은 하루에 2시간 일하거나 하룻밤 동안 책을 읽거나 글을 쓰는 것 등이었으니 말이다. 그렇게 시작된 잠자리 제공은 어느새 5만여 명이 넘는 예술가들이 이곳을 다녀가게 만든다. 5만 명이라니……. 어마어마하지 않은가?

영화에서 제시도 이곳에서 잔 경험담을 들려준다. "고양이가 머리에서 잤나 봐." 하는 대사가 나오는데 정말 까만 고양이가 여기저기 돌아다니며 자고 있다.

이곳을 조금만 둘러보면 얼마나 사랑스러운 공간인지 느낄 수 있다. 낡았지만 푹신한 소파가 있고 낡은 책상 옆 창밖으로는 사람들의 모습이 내려다

파리
—
Paris

셰익스피어 & 컴퍼니

셰익스피어의 얼굴과 찬미시가 간판이다.

보인다. 오래된 책 냄새가 이방인의 마음을 편안하게 다독인다. 이곳은 네 마음속의 집이며 안식처라고……

셰익스피어 & 컴퍼니는 누구나 내 집처럼 편안하고 자유롭게 공간을 사용하고, 예뻐해 주고 싶은 그런 생각이 드는 곳이다. 무엇보다 곳곳에 쓰인 글귀들이 위트만이 그리고 사람들이 이 공간을 어떻게 생각하고 있는지 느끼게 해 준다.

"Be not Inhospitable to Strangers lest They be Angels in Disguise."
낯선 사람에게 함부로 대하지 말라. 그들은 변장한 천사일 수도 있다.

우리는 곳곳에서 작든 크든 많은 상처를 받으며 살아간다. 당신 역시 외적인 이유로 크고 작은 상처를 받은 적이 있을 것이다. 옷을 초라하게 입었다고, 뚱뚱하거나 또는 예쁜 얼굴이 아니어서, 해외라면 동양인이어서 무시당한 적이 있을 것이다. 부모님이 물려주신 본연의 내 모습은 이 세상에는 많이 모자란 것인지 우리나라는 성형이 머리카락을 자르듯 아주 손쉬운 일이 되어 버렸다. 또 무시당하지 않으려면 어떻게든 차려입고 꾸며야 하는 세상이 됐다. 반면에 초라한 행색일지라도 친절하게 대하는 사람을 만나 본 경험은 없을까.

치열하게 공부했던 고3 때, 삶은 너무 비극적이라며 한동안 우울에 빠진 적이 있었다. 늦은 밤, 야간자율학습이 끝나고 버스를 타고 집으로 가는데 대각선 쪽에 앉아 계신 할아버지 한 분과 눈이 마주쳤다. 할아버지는 물끄러미 나를 바라보더니 양 손가락을 입가로 가져다 대고 입꼬리를 올리며 웃는 표정을 지었다. 내게 그렇게 우울해하지 말고 웃으란다. 할아버지의 이는 군데군데 빠져 있고, 옷은 남루하기 그지없었다. 옆에 앉은 아주머니는 무시하라며 눈치를 줬지만 할아버지의 얼굴을 보자 그분이 바란 대로 웃을

파리
-
Paris

수밖에 없었다. 고마웠다. 할아버지를 통해 내 모습을 볼 수 있었기에 힘을 내야겠다고 생각했다. 어쩌면 할아버지가 힘들어하는 나를 위해 하늘에서 잠시 내려온 변장한 천사일지도 모른다고 생각했으니 말이다.

스페인의 산티아고를 향해 걷던 순례자의 길에서도 그랬다. 길을 걷기 시작한 둘째 날, 상상한 것과 달리 너무 힘이 들어 이 길을 계속 걸어야 할까 고민하는 중이었다. 점심으로 먹을 빵을 사러 빵집에 들어갔는데 아주머니는 빵 봉투에 내가 산 것보다 더 많은 빵을 담아 주신다. 의아한 표정으로 쳐다보았더니 그냥 가져가라는 손짓을 했다. 아무 말도 하지 않았지만 아주머니의 눈에는 처음 보는 나를 걱정하고 위로해 주고픈 따뜻한 마음이 담겨 있었다. 덤으로 얹어 준 빵이 내 어깨를 토닥여 왈칵 눈물이 쏟아질 뻔했다. 그리고 그날 험준한 피레네 산을 넘을 수 있는 든든한 마음의 힘이 되었다.

세상을 살다 보면 아주 작은 일 하나에 감동하고, 또 힘을 얻는 계기가 되기도 한다. 위트만은 여행길에서 겪은 일에 감동하고 그것을 자신의 가슴속에만 간직하지 않고 현실에서 '실천'한 사람이다. 그래서 위트만의 마음을 공감하는 많은 사람들이 셰익스피어 & 컴퍼니를 소중히 생각하고 지켜 가고 있는 것이란 생각이 든다.

"My Country is the World, My Religion is Humanity."
나의 나라는 세계요, 나의 종교는 인류애다.

서점 안에는 이런 글이 적혀 있다. 짐승보다 못한 잔인한 범죄를 저지르는 사람들을 볼 때면 같은 인간이라는 사실이 부끄럽지만, 이런 문구를 보면 내가 사람으로 태어난 것이 뿌듯해진다. 따뜻한 마음으로 인간임을 독려하고 인류애를 실천하던 위트만은 2011년 12월 14일 조용히 숨을 거뒀다. 셰익스피어 & 컴퍼니 덕분에 파리가 좀 더 많이 좋아진 것은 틀림없다.

예술가들이 하룻밤 머물렀던 침대, 지금은 없다.

철학이 가득한 서점, 셰익스피어 & 컴퍼니

파리
-
Paris

허무한 바스티유 감옥 습격사건
바스티유 Bastille

―

내가 중·고등학교를 다닐 때 『테르미도르』라는 인기 있는 연재만화가 있었다. 제3계급 출신인 혁명투사 유제니와 귀족 출신 알뤼느의 사랑 그리고 프랑스혁명에 대한 이야기다. 제목인 테르미도르 Thermidor는 혁명력으로 제11월을 뜻한다. 1789년 프랑스혁명의 시작부터 공포정치를 주도한 로베스피에르 Maximilien Robespierre가 단두대에서 처형당한 테르미도르까지가 이 만화의 주요 배경이었다.

한 달에 한 번씩 감질나게 연재되는 몇 십 페이지의 만화를 보기 위해 가슴 애타며 기다리던 시절. 누구는 만화가 공부에 방해가 된다했지만 이 만화 덕분에 세계사 교과서를 뒤적이며 열심히 공부했더랬다. 프랑스혁명에 대한 관심은 만화책과 교과서를 넘어 도서관까지 나를 이끌었는데 '혁명'이라는 단어가 주는 비장함과는 달리 종종 어이없는 진실에 맞닥뜨리기도 했다. 그 한 예가 프랑스혁명의 시작이다.

프랑스혁명이 1789년 7월 14일, 파리 시민들이 바스티유 감옥을 습격하는 것으로 시작된 것은 누구나 잘 알고 있다. 그들은 먹을 것이 없어 굶주렸고 왕을 찾아가 항의하기도 했다. 그러던 중 주체할 수 없이 흥분한 시민들은 무기를 탈취하고, 감옥에 갇힌 사람들을 풀어 주기 위해 바스티유 감옥으로 향한다. 파리 시민들은 감옥을 지키던 군대와 대치했다. 군대는 시민들과 적대적 관계였다기보다는 시민들의 처지에 대해 동정했고, 협조적인 편이었다. 시민 대표를 점심 식사에 초대해 관련 사안에 대해 협의할 정도였으니 말이다. 바스티유의 사령관이었던 후작은 군대의 안전을 담보로 순순히 감옥 문을 열어 주었다. 열어 준 감옥에는 '해방'시켜야겠다는 파리 시민들의 의도와는 달리 고작 일곱 명의 사람들이 잡혀 있었다. 기대했던(?) 왕에게 대항한 정치범은 단 한 명도 없었고 화폐위조범, 근친상간범, 미친 사람뿐이었던 것이다. 흥분한 시민들은 예상치 못한 상황에 성이 차지 않자 안전 보장의 약속을 깨고 후작의 목을 잘라 창에 매단 채 거리를 행진했다.

후에 사람들은 바스티유 감옥 습격사건을 진실보다는 '파리 시민들이 바스티유 감옥을 습격해 군대를 무찌르고 정치범들을 석방한 영웅적인 사건'으로 기억했다. 그리고 이날은 혁명 기념일로 지정되어 프랑스에서 가장 큰 축제일이 되었다.

프랑스혁명이 전제왕정을 무너뜨리고 부르주아지와 평민들이 일어나 공

파리
-
Paris

030

바스티유 광장에는 '7월 기념비'와 바스티유 오페라가 있다.

화정을 수립한 혁명이기는 했지만 혁명 기간 동안에 벌어진 일들은 논리적이라기보다는 감정적이었고, 시간이 갈수록 그들이 바라던 이상적인 혁명의 모습과는 점점 멀어져만 갔다. 만화책 속에서 새로운 세상을 만들기 위해 프랑스혁명의 선봉에 섰던 유제니도, 혁명에 점점 동조하던 귀족 출신 알뤼느도 엉뚱한 방향으로 굴러가는 혁명의 수레바퀴를 바로잡지 못한 채 테르미도르를 맞는다. 그리고 얼마 뒤 프랑스혁명의 끝은 나폴레옹Napoléon Bonaparte 장군의 군사 쿠데타로 정리되고 만다. 가장 아이러니한 부분은 왕과 왕비의 목을 자르고 그토록 많은 피를 뿌리며 '자유'와 '평등'을 외치던 프랑스 시민들이 나폴레옹을 압도적인 투표로 지지하며 '황제'로 등극시키고, 그 다음엔 왕정을 복고시킨 사건이 아닐까? 물론 1830년에 7월 혁명이 일어나긴 했지만……. 역사의 반동은 언제나 아이러니하다.

　바스티유 감옥은 혁명 당시 해체되어 지금은 볼 수 없다. 감옥의 일부는 콩코르드 다리Pont de la Concorde 건설에 사용했다고 한다. 메트로 1·5·8호선이 교차하는 바스띨Bastille 역에서는 프랑스혁명에 관한 벽화를 볼 수 있는데 5호선 쪽에는 바스티유 감옥벽의 일부가 남아 있기도 하다. 거대한 원형교차로를 중심으로 많은 차들로 혼잡한 지상에는 높이 52m의 '자유의 천사' 상이 세워져 있다. 이 추모탑은 1789년 프랑스혁명을 기리는 것이 아니고 1830년 7월 혁명의 희생자를 기리기 위한 '7월 기념비Colonne de Juillet'다.

파리
-
Paris

멈출 수 없는 혁명의 잔인함
콩시에르주리 Conciergerie

―

시떼 섬의 법원 한쪽에는 콩시에르주리Conciergerie가 있다. 파리 최초의 왕궁이었으나 왕들이 새로운 왕궁을 지어 나가면서 한동안 행정기관으로 사용하던 곳이다. 프랑스혁명기부터 19세기까지 감옥으로 사용했는데 혁명 기간에 수감된 자들은 대부분 기요틴Guillotine(프랑스혁명 때에 사용한 목을 자르는 사형기구)에서 목이 잘리는 참수를 당했다. 우리가 잘 알고 있는 마리 앙투아네트와 루이 16세 등의 왕족과 귀족, 로베스피에르, 당통 등의 혁명가와 일반 시민들까지 기요틴에서 머리가 잘리기 전 이곳에서 머물렀다.

일단 입구로 들어가면 으스스한 감옥을 그대로 재현한 모습에 놀라게 된다. 당시 간수와 수감자들의 모습을 마네킹으로 꾸며 놓았는데 수감자들의 방에서 조금 흥미로운 사실을 볼 수 있다. 돈이 없는 사람은 짚이 깔린 방에서 여러 사람들과 함께 생활하고, 돈이 있는 사람들은 침대에서 생활할 수 있었다. 그리고 유명한 죄수나 부자인 경우에는 독방에서 글을 쓰거나 책을 읽을 수도 있었던 것. 자유와 평등을 위해 시작한 혁명이지만 감옥에서는 경제적인 상황에 따라 누릴 수 있는 환경이 달랐다는 점이 흥미롭다. 감옥 한쪽에는 마리 앙투아네트가 머물던 곳을 마네킹으로 재현해 둔 곳이 있다.

앙투아네트는 검은 베일을 쓰고 십자가가 세워진 작은 책상 앞에 뒷모습을 보이며 앉아 있다. 다음 방에는 손수건과 기요틴으로 떠나기 전 마지막으로 마셨을 작은 물 담는 도자기 등을 전시하고 있다.

혁명이 고조기에 이르러 매일매일 기요틴에서 목이 잘리는 사람들이 늘어났다. 사형에 처할 사람들이 너무 많아지자 재판도 하지 않고 기요틴으로 곧장 끌려간 사람도 있었다. 혁명가들은 자신들이 죽기 전날 술을 마시고, 혁명의 노래를 부르며 마지막 밤을 보냈다. 그리고 사형대로 가기 직전 마지막으로 자그마한 '5월의 정원'을 통과했다. 그렇게 마지막 하늘을 눈에 담았다.

콩시에르주리에서 가장 인상 깊었던 곳은 아무래도 2층에 있는 글자가 빼곡히 쓰인 방이다. 방 안에는 ABC순으로 콩시에르주리에서 머물다 프랑스 혁명 기간에 처형당한 사람들 2780명의 이름과 직업이 적혀 있다. 타당한 이유가 있어 사형에 처해진 사람도 있겠지만, 혁명의 격양된 열기에 희생된 사람들의 이름도 이곳에 있다. 혁명은 역사의 진보에는 분명 일조했지만, 그만큼의 피를 원했다. 콩시에르주리는 그 어두운 부분을 만날 수 있는 곳이다.

파리
- Paris

돈이 없는 사람은 짚이 깔린 방에서 여러 사람들과 함께 생활하고, 돈이 있는 사람들은 침대에서 생활할 수 있었다. 그리고 유명한 죄수나 부자인 경우에는 독방에서 글을 쓰거나 책을 읽을 수도 있었다.

TIP   기요틴 Guillotine

프랑스대혁명 당시 사용한 처형기구다. 기요틴이라는 이름은 당시 대학의 해부학 교수이던 기요탱 Joseph-Ignace Guillotin이 제안한 데서 시작되었다. 기요탱은 1789년 국민의회 의원으로 선출되었는데 당시의 사형집행 기구인 '낫'이 잘 갈려 있지 않거나, 또는 사형집행자의 실수로 사형수가 고통스럽게 죽어 가자 이에 문제제기를 했다. 그는 지위 고하를 막론하고 평등하게, 또한 최소한의 고통으로 죽을 수 있는 권리에 대해 고민한 인권론자였다. 처음에는 사람들에게 주목을 받지 못했으나 사형수의 수가 급격히 증가하자 사형집행의 효율성과 '속도의 측면'에서 사람들의 관심을 받기 시작했고 마침내 안토닌 루이 Antoine Louis 박사가 기요틴을 만들었다.

기요틴의 무게는 총 580kg으로 이 중 칼날의 무게는 40kg이다. 총 높이는 4m였으며 이 중 칼날의 높이는 2.3m 지점에 설치했다. 사형집행인은 밧줄을 잡아당겨 칼날을 올리고, 손을 놓아 떨어지게 함으로써 죄수의 목을 잘랐다. 순식간에 목이 잘리는 바람에 종종 잘린 머리가 눈을 깜빡이거나 입을 움직이는 등 반응을 하기도 했다. 기요틴은 공포정치 기간에 가장 바빴고(?), 공포정치를 실행한 로베스피에르의 목도 잘라냈다. 루이 16세, 마리 앙투아네트 등을 포함해 혁명 기간 동안 기요틴에서 사형당한 것으로 추정되는 사람의 수는 최소 1만 6000명에서 4만여 명에 달한다. 기요틴은 1977년까지 사용되었다.

방 안에는 ABC순으로 콩시에르주리에서 머물다 프랑스혁명 기간에 처형당한 사람들 2780명의 이름과 직업이 적혀 있다.

사람들의 목을 자르던 기요틴의 칼날

감옥 한쪽에는 마리 앙투아네트가 머물던 곳을 마네킹으로 재현해 둔 곳이 있다. 앙투아네트는 검은 베일을 쓰고 십자가가 세워진 작은 책상 앞에 앉아 있다.

파리
-
Paris

한국과 프랑스의 첫 인연
파리 외방 전교회 MEP

―

카페에서 얀을 만났다(얀에 대한 이야기는 298Page를 참고). 나는 시원한 레모네이드를, 얀은 따뜻한 차를 주문했다. 얀은 리옹에서 올라와 파리에서 공부를 하고 있는 중이다. 그런데 곧 공부를 정리하고 캄보디아로 떠날 거란다. 프랑스 생활을 완전히 접으려는지 가지고 있는 물건을 팔기 위해 이리저리 뛰어다니느라 바쁘다. 오늘은 컴퓨터를 팔았고 내일은 책을 팔러 가야 한단다. 오랜만에 만난 기념으로 내일 점심시간에 서프라이즈 초대를 하겠다며 숙소로 찾아오겠다는데 궁금해진다. 서프라이즈 장소는 어딜까?

다음 날, 숙소로 마중 온 얀과 만나 메트로역에 내렸다. 얀은 시간이 늦었다며 걸음을 점점 빨리한다. 커다란 쇠창살문을 열고 어두컴컴한 통로를 지나 계단을 올라갔다. '끼이익~' 낡은 문을 열자 널찍한 공간이 나타났는데 사람들 수십 명이 테이블에 앉아 있다. 테이블 위에는 빵과 와인, 샐러드 그릇이 놓여 있고 웅성거리는 대화 소리로 바쁘다. '도대체 여기가 어디지?'

낯선 장소에, 낯선 사람들 사이에 갑자기 똑 하고 떨어진 느낌이다. 'Reserved'라고 표시한 자리에 앉기는 했는데 어안이 벙벙. 얀이 같은 테이블에 앉은 사람들에게 나를 소개한다.

"이 친구는 한국에서 온 정은이야."

같은 테이블에 앉은 사람들이 인사를 하며 자기소개를 한다. 나도 인사를 했다.

"안녕하세요. 저는 얀의 친구고 프랑스를 여행 중이에요."

저편에 보이는 커다란 십자가, 다른 테이블에는 신부님 복장을 한 사람들도 보이고……. 분명 종교적인 장소인 것 같은데 주변을 아무리 둘러봐도 여자는 나 혼자다. 너무 어색해서 얀의 어깨를 툭툭 치며 조용히 물었다.

"얀, 도대체 여기가 어디야?"

"여기가 내가 공부하고 있는 곳이야. MEP, Missions étrangères de Paris……."

들어도 잘 모르겠다. 배가 고프니 일단 점심 식사나 즐겨야겠다. 유쾌한 시간이 시작되었다. 내 앞에 마주 앉은 친구는 이곳에서 공부하는 동안 살이 엄청 쪘다며 고민을 털어놓는다. 여기 음식이 살을 찌우게 한단다. 그러

파리
Paris

면서 감자튀김을 다시 한가득 접시에 담는다. 또 다른 친구는 이곳 와인은 그저 그렇지만 자기가 나고 자란 부르고뉴 지방의 와인은 최고라며 꼭 가보라고 조언한다. 모두 내 이미지 속 근엄한 종교인들의 모습과는 달라도 한참 다르다.

식사가 끝나자 함께 식탁을 치우기 시작했다. 누군가는 접시를 가져다 놓고, 누군가는 남은 음식을 모으고, 얀은 스펀지에 물을 적셔 오더니 식탁을 닦고 정리한다. 순식간에 식당은 깔끔히 정리되고 학생과 선생님들은 우르르 어딘가로 나간다. 사람들을 따라 이동한 곳은 차를 마시는 곳이다. 식당에서는 몰랐는데 여러 인종이 모여 있다. 세계 여러 나라에서 공부하러 온 사람들이란다. 모두 차를 마시며 또다시 이야기꽃을 피운다. 내 머릿속은 온통 소개받은 사람들 이름으로 어질어질하다. 한쪽 벽에는 서로 얼굴을 익힐 수 있게 사진과 이름이 붙어 있고, 코믹하게 찍은 얀의 사진도 있어 웃음이 났다.

차를 마신 후 사람들은 대부분 요즘 시험 기간이라며 공부하러 올라갔다. 얀과 나는 소화를 시키기 위해 정원을 산책했다. 정원에서는 한국에서 건너온 기념비를 볼 수 있었다. '도대체 여기가 어딜까?' 얀은 선생님을 만나야 한다고 잠시 교수실에 들렀다. 그런데 '올리비에'라는 이 선생님, 놀랍게도 몇 십 년을 한국에서 사셨고 한국어도 매우 잘하신다. 이곳의 정확한 명칭과 활동이 궁금했는데 한국어로 쉽게 설명해 주셨다.

이곳의 공식 명칭은 '파리 외방 전교회'다.

주로 아시아 지역 선교를 목적으로 1658년 로마 교황청이 프랑스 선교사들을 중심으로 창설한 단체다. 다른 선교단체들과 차이점이 있다면, 이곳 선교사들은 일정한 포교지역에 종신토록 머무르며 그곳의 언어와 풍습을

함께 식사를 했던 얀의 친구들

식당은 순식간에 정리됐다.

프랑스 친구, 얀

파리 외방 전교회의 정원. 사유지 정원 중에서는 제일 크다고 한다. 저편에 에펠탑과 앵발리드가 보인다.

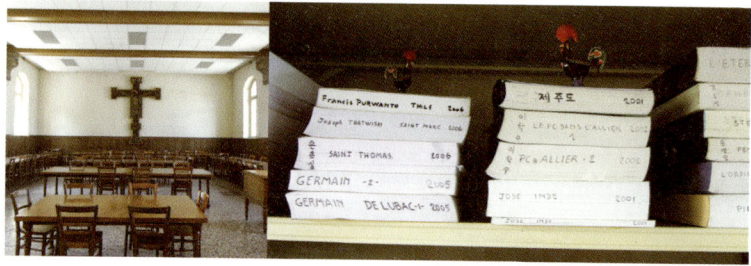

배워 포교활동을 한다는 점이다. 우리나라와도 인연이 매우 깊은 곳이다. 1831년 최초로 천주교 조선교구를 설립할 때 선교사를 파견한 곳이기 때문이다. 우리에게 익숙한 이름인 '앵베르Imbert 주교'도 이곳에서 파견됐고, 우리나라 최초의 사제 김대건 신부가 이곳에서 탄생했다. 비록 기해박해(1838), 병오박해(1846), 병인박해(1866) 때 많은 선교사들이 순교하거나 도피하는 수난을 겪었지만 말이다. 1887년 한불조약으로 천주교가 인정을 받을 때까지 박해는 계속되었다. 아직도 우리나라에 본부를 두고 있고, 많은 한국 신부님들이 이곳으로 공부를 하러 간다. 선생님 방에는 학생들이 쓴 논문(?)처럼 보이는 것이 책장에 차곡차곡 꽂혀 있는데, 한국어도 눈에 띈다. 파리에 이런 곳이 있었다니 신기하기만 하다.

얀은 마지막으로 들를 곳이 있다며 작은 박물관으로 나를 안내했다. 박물관에는 선교사들을 파견한 아시아 각국의 자료들이 있다. 순교한 선교사들의 사진과 이름, 김대건 신부의 유품도 전시하고 있다. 박물관을 다 둘러보고 나니 얀은 이제 책을 팔러 가야 할 시간이라며 미안해한다. 며칠 뒤에 출국이라는데 이렇게 짬을 낸 것도 기특하다.

얀과 인사를 하고 밖으로 나왔더니 눈앞에 봉 마르세Bon Marché 백화점과 번화한 거리가 나타났다. 뒤를 돌아보니 외방 전교회의 문이 보이긴 하는데 번지수를 확인하지 않는다면 이곳이 외방 전교회인지 아닌지 도무지 찾을 길이 없겠다. 백화점이 위치한 번화한 길에 이런 곳이 있으리라고 누가 짐작이나 했을까. 잠시 이상한 나라의 앨리스가 되어 다른 세계에 다녀온 느낌이다.

MEP에 초대해 줘서 고마워, 얀.

―

소피와 함께한 일요일의 산책
마레 Marais

―

 미얀마에서 만났던 인연으로 일주일간 소피의 집에서 머물게 됐다. 소피는 논문을 쓰면서 오후에 출근해 자정쯤 퇴근하는 회사를 다닌다. 그래서 일주일 동안 함께 지내긴 했지만 낮에 얼굴을 볼 기회가 없었다. 내가 아침에 일어나 나갈 때면 소피는 쿨쿨 자느라 바빴고, 소피가 퇴근한 자정 이후엔 수다를 떨다가도 둘 다 너무 피곤해 잠자리에 들어야 했다. 소피가 주말을 기다리라고 했는데 드디어 일요일이 됐다. 반나절쯤 짬이 난 것이다. 눈을 찡긋하며 나에게 말한다.

 "일요일엔 마레로 가야 해."

 그렇다, 일요일엔 마레로 가야 한다. 처음 유럽여행을 하는 한국인들은 유럽의 불편한 시스템에 충격을 받는다. 아무리 눈 씻고 찾아봐도 24시간 편의점은 없고, 일요일에는 대부분의 슈퍼와 백화점이 문을 닫기 때문이다. 토끼눈이 되어 격양된 어조로 말한다.

 "뭐라고? 편의점은 그렇다 하더라도 일요일에 슈퍼와 백화점이 문을 닫는단 말이야?"

그렇다. 일요일에 슈퍼와 백화점은 문을 닫는다. 생각해 보라. 서울에서 문을 열었던 쁘렝땅 백화점이 '프랑스식'으로 일요일에 문을 닫다가 결국 한국에서 철수하지 않았던가? 우리네 상식으로는 이해할 수 없는 놀라운 일이지만, 여기 이 기사를 읽어 보도록 하자.

"2009년 7월 프랑스 하원에서 1906년부터 엄격하게 지켜져 온 일요일 영업금지 전통을 깨는 법안이 통과됐다. 결과는 찬성 282표, 반대 238표. 아직 상원 표결이 남아 있고 야당인 사회당이 반대하지만, 법이 시행될 경우 파리와 마르세유 등 3대 대도시 상점들은 일요일에도 문을 열 수 있게 된다. 이에 야당과 가톨릭교회는 노동자의 휴식 권리와 교회를 가야 하는 이유를 들어 끝까지 반대하겠다는 입장을 밝혔다."

여기에서 이 법안 통과에 대해 반대한 노조 사무총장의 말이 의미심장하다.

"가정과 사회생활이 해체되는 겁니다. 프랑스에서 이제 노동자들에게 휴일은 없습니다. 지금도 제대로 된 대우를 받지 못하고 있는데 이는 불행한 일입니다."

파리
Paris

소피의 동네 단골 카페

프랑스식 아침, 크루아상과 에스프레소

일요일에 일해서 돈을 벌게 하는 것보다 법적으로 모두 일하지 않게 규제해 가족의 단란한 생활을 보장해 주는 것이 더 중요하다는 말. 우리는 일요일까지 열심히 일해서 돈을 더 버는 것이 가족을 행복하게 해 줄 수 있다고 생각하는 나라에 살고 있지 않은가.

이야기가 한참을 돌았다. 사실은 마레 이야기를 하려고 했던 것인데……. 마레지구는 유대인들의 커뮤니티가 19세기 말부터 형성된 곳이다. 기독교의 휴일은 일요일이지만, 유대교의 휴일은 토요일이다(참고로 이슬람의 휴일은 금요일).

그래서 일요일에 빵집과 서점, 가게들이 문을 연다. 또한 이 지역에는 게이커뮤니티가 정착되어 있는데 개성 있는 옷가게나 바, 카페들도 많이 있다. 그러니 모든 상점들이 문을 닫는 일요일, 가족 또는 친구들과 손에 손을 잡고 마레지구를 찾는 것은 어쩌면 자연스러운 일인지도 모르겠다.

카페에서의 아침

소피는 일단 아침을 먹자며 따라오란다. 지난번에 알려 준 맛있는 동네 빵집인데 나도 일주일 동안 아침 식사로 종종 이용한 곳이다. 아침이라고 하기엔 꽤나 늦었지만, 크루아상 한 개씩을 샀다. 그리고 소피가 평상시 자주 찾는 카페로 갔다. 커피를 시켜 크루아상과 함께 먹자고 한다.

앗, 이렇게 다른 가게에서 산 음식을 카페에 가져가도 되나? 소피가 자기 남자 친구도 정말 싫어하긴 하지만, 그래도 카페에서 파는 크루아상은 맛이 없단다. 나도 눈 딱 감고 한 손에 크루아상을 들고 카페 테라스에 소피와 함께 앉았다. 조금 수다를 떨다가 자리에서 일어났다. 따스한 햇살 아래에서 빵과 따뜻한 커피를 마시니 몸이 따뜻해졌다.

"밥을 먹었으니 이제 마레지구로 가자!"

근처에 있는 벨리브 정류장으로 갔는데, 세상에! 자전거가 동났다. 그나마 있는 자전거는 손잡이가 부서졌거나 바퀴에 바람이 빠져 있다.

"일주일 동안 벨리브를 타고 다녔지만, 이런 적은 처음이야. 벨리브가 하나도 없다니!"

"일요일엔 모두 벨리브를 타고 시내로 놀러 가거든. 그래서 자전거가 없는 거야."

근처에 있는 다른 정류장 몇 군데를 더 돌아 겨우 두 개를 구할 수 있었다. 내가 가방을 자전거 바구니에 넣자 소피가 주의를 준다.

"그냥 그렇게 가방을 담지 말고, 어디다 한 바퀴 돌려 묶은 후에 넣어. 아님 대각선으로 메고 타던지."

우리나라에서도 인기를 끌었던 프랑스 영화 〈아멜리에〉(2001)에서 주인공 아멜리에는 생 마르땡 운하에서 물수제비뜨는 것을 좋아한다.

운치 있는 생 마르땡 운하

파리
-
Paris

048

마레지구는 유대인 커뮤니티가 19세기 말부터 형성됐다.

하이패션과 양대 산맥을 이루는 창의적인 디자이너들의 패션의 거리이기도 하다.

"왜?"

"도둑이 스쳐 지나가면서 네 가방을 날치기해 갈지도 모르니까."

"정말?"

그렇단다. 파리에 있는 동안 안전하게 잘 다녔는데, 소피가 하는 이야기를 들어 보면 파리는 정말 위험한 도시다. 하긴 요즘 공항에서 택시를 타고 시내로 들어오는 승객을 대상으로 한 범죄가 기승을 부리고 있단다.

차가 막혀서 택시가 서 있으면 2인조 오토바이 강도가 택시 문을 열고 소지품들을 훔쳐 달아난단다. 오토바이를 타고 도망가니 잡을 수도 없다. 이것 때문에 한국대사관 홈페이지 게시판에 공항택시를 이용하는 여행자들은 각별히 주의하라는 공지 사항이 오르기도 했다.

소피는 자전거를 잘 탄다. 나는 자동차가 우선인 한국식 운전에 익숙한데, 소피는 그렇지 않다. 과감하게 좌회전, 우회전 수신호를 하고 그냥 들어가 버린다. 소피를 쫓아가느라 힘들다. 그렇게 열심히 페달을 밟다 보니 생 마르땡 운하가 나타났다. 운하 옆쪽은 차가 다닐 수 없기 때문에 안전하고, 아름다운 생 마르땡 운하를 즐길 수도 있다.

어느새 마레지구가 나왔다. 일요일이라 근처에 장이 섰는지 장사하는 사람들 트럭이 이중 삼중으로 세워져 있다. 자전거를 세울 정류장을 찾는데 이번에는 세울 자리가 없어 한참을 돌아다녀야 했다.

일요일에는 정말 모두 벨리브를 타고 외곽에서 시내로 들어오는구나. 자전거를 세우고 마레지구 골목탐방에 나섰다. 스타일이 독특한 가게 몇 곳에 들어가 옷 구경도 하고, 소피는 자기가 좋아하는 가게를 소개해 주기도 했다.

파리
-
Paris

마레의 다양한 얼굴

팔라펠 가게에 길게 늘어선 줄

마레지구의 명물, 팔라펠

한 시간쯤 돌아다니자 소피가 배가 고프지 않느냐며 마레지구의 명물, 팔라펠Fallafel을 먹으러 가자고 한다. 사람들이 길게 줄을 서 있고 가게 점원은 길가로 나와 주문을 받고 있는 가게다.

여기는 우리나라 가이드북에도 소개된 곳이다. 살짝 쫄깃한 식감을 지닌 피타 빵의 속을 파고 안에 야채와 고기 등으로 채워 소스를 뿌린 중동식 샌드위치다. 근처에 밥을 먹을 만한 작은 공원이 있다며 안내하는데 벌써 많은 사람들이 앉아 있다.

돗자리를 깔고 도시락을 먹는 가족들도 있고, 잔디밭 위에 누워 낮잠을 자는 연인도 있다. 건물 사이에 자리한 손바닥만 한 공원에서 시간을 보내는 모습이 재미있다. 우리나라 사람들이라면 어린이대공원 정도는 돼야 김밥도 싸고 돗자리도 챙기는데 말이다.

100년이 넘는 일요일 영업금지 전통을 깨는 법안이 통과되자, 샹젤리제에 있는 루이비통 매장이 일요일 영업을 시작했다고 한다. 과연 법안 통과가 프랑스 사람들의 '일요일은 가족과 친구들과 함께'라는 오랜 전통을 얼마나 흔들어 놓게 될지는 모를 일이다. 하지만 작은 잔디밭에서 소박한 가족 나들이를 즐기는 모습을 보니 가족의 행복은 돈보다는 함께하는 시간이라는 말이 맞는 것 같다.

십년감수한 생 드니 성당사건
바질리크 생 드니 Basilique Saint-Denis

—

 소피와 함께한 짧은 데이트가 끝나고, 나는 생 드니로 향했다. 관광안내소에서 받은 안내서에는 마리 앙투아네트와 루이 16세 그리고 프랑스 왕가의 무덤이 있는 곳이라고 나와 있다. 곰곰이 생각해 보니 마리 앙투아네트와 루이 16세가 콩코르드 광장에서 단두대의 이슬로 사라진 것은 모두가 알지만 이들이 어디에 묻혔는지에 대해서 말하는 것은 듣지 못했다. 어떤 곳일까 싶어 메트로를 타고 갔다.

 1존을 막 벗어난 생 드니 역은 사람들로 붐볐다. 생 드니 성당은 근처에 있어 지도 없이도 찾기 쉬웠고, 성당은 흥미롭기 그지없었다. 정말 오랫동안 프랑스 왕가의 무덤이었던 곳. 의외로 여행자들이 별로 없다는 것이 더 신기했다. 파리 가이드북에 소개할 새로운 장소를 찾아 기뻤다.

 충분한 시간을 할애해 둘러보고 다시 파리 시내로 돌아가기 위해 메트로 역을 향해 걷고 있었다. 가방을 대각선으로 메고, 카메라도 어깨에 걸쳐 손목에 한 번 감은 후 가방 위에 올려놓고 걷고 있었다.

 앞쪽에서 흑인 다섯 명이 걸어오더니 나를 향해 히죽 웃는다. 무시한 채 걷는데 갑자기 누군가 내 손에서 카메라를 휙~ 낚아챈다. '뭐지?' 하고 몸을 돌려 바라봤다. 여전히 웃고 있는 흑인들. 한 남자의 손에 내 카메라가 들려 있고, 그 친구만은 진지한 표정으로 나를 뚫어져라 쳐다본다.

나는 장난인 줄 알고 카메라를 돌려 달라고 말했다. 그런데 이런, 장난이 아니다. 카메라를 잡으려고 몸을 움직이는데 쏜살같이 저쪽 골목으로 달려간다. 나도 뛰었다. 골목을 통과해 흑인이 코너를 돌아간 왼쪽을 살펴보았지만 흔적도 없이 사라졌다. 주변 사람들에게 방금 내 카메라를 들고 달려간 흑인이 어디로 갔는지 물어보았지만, 난감한 표정으로 쳐다본다.

다시 자리로 돌아오니 아까 그 흑인들이 여전히 키득대며 서 있다. 너희들 친구는 어디로 갔냐고 물었다. 자기네들은 모르겠단다. 가방 안에서 휴대용 카메라를 꺼내며 말했다.

"난 너희 사진을 찍을 거야. 그리고 경찰서에 가서 너희들 친구가 내 카메라를 훔쳐 갔다고 말하겠어."

말이 끝나고 사진을 찍자마자 흑인들이 얼굴을 가리며 흩어진다. 그중에 키가 190cm는 되는 남자가 소리를 지르며 카메라를 내놓으란다. 안 된다고 가슴 쪽으로 끌어안았더니 갑자기 내 머리채를 잡아챘다. 바닥으로 나를 내동댕이친다. 나도 모르게 몸을 웅크리고 소리를 질렀다.

"도와주세요! 경찰을 불러 주세요!"

그동안 우두커니 바라보고만 있던 주변 사람들이 그제야 달려오기 시작했다. 아주머니와 아저씨들이 뛰어왔고 누군가 대신 경찰서로 전화를 걸었다.

달려온 사람들 중에 남자가 한 명 있는데 자기가 경찰이란다. 사복경찰로

파리
-
Paris

바질리크 드 생 드니 역

생 드니 성당

이곳 주변에서 아까부터 상황을 지켜보고 있었단다.

아까부터 보고 있었으면 진작 나타날 것이지 왜 이제야 왔는지 모르겠다. 흑인 남자들은 사람들과 실랑이를 하더니 어디론가 사라져 버렸다. 도대체 왜 잡지 않고 그냥 보내는 걸까.

아줌마가 괜찮으냐고, 여행자인데 파리에서 이런 사건을 겪게 되어 미안하다고 내게 사과한다. 아줌마 잘못이 아니다. 곧바로 사이렌 소리가 울리며 경찰차가 도착했다. 사복경찰이 상황을 설명했고, 사건과 관련한 조서를 써야 하니 경찰서에 함께 가야 한단다.

내가 알려 준 인상착의로 경찰들이 주변을 수색하고 있다는데 아무래도 카메라는 완전히 잃어버린 것 같다. 나도 보험 서류 때문에 경찰서로 가야 했다.

경찰차를 타고 경찰서로 갔다. 가만히 앉아 있으니 조금 전에 벌어진 일들이 주마등처럼 스쳐 지나간다. 소매치기를 만난 적은 있지만, 이렇게 머리채를 잡히고 바닥에 내동댕이쳐진 적은 태어나서 처음이다. 심장이 두근댄다. '아까 흑인들이 나를 둘러싸고 때렸거나 칼을 가지고 다니는 사람들이었다면…….'하고 생각하니 아찔하다.

서류 작성이 모두 끝났다. 틈틈이 생 드니에 대해 물었는데 이곳은 우범지역이란다. 파리에서도 가장 위험한 지역 중 하나란다. 무서워서 메트로역까지 어떻게 가냐고 했더니 경찰차로 데려다 준단다.

고맙다. 경찰차는 겉으로 보기에는 멋있어 보였는데 타고 나서 보니 내부는 정말 낡았다. 도대체 몇 십 년이 되었는지 모를 낡은 차를 겉모습만 멀쩡하게 해서 타고 다니고 있구나 싶다. 가는 길에 글을 쓰려면 생 드니 성당

사진을 다시 찍어야 하니 잠깐만 차를 세워 달라고 했다.

경찰이 그런 일을 당하고도 사진 찍을 마음이 생기냐며 웃는다. 나도 우습지만 직업병이라 어쩔 수 없다. 생 드니 성당 사진을 몇 장 찍고 메트로역 앞에 내렸다. 경찰들에게 고맙다는 인사를 했다. 그리고 경찰차가 떠났다. 메트로 쪽으로 걸어가는데 카페 주인이 말을 건다.

"괜찮아요?"

"네, 괜찮아요."

"카메라는 찾았어요?"

"아뇨, 찾지 못할 것 같아요."

"그래도 몸은 괜찮은 거죠?"

"네."

"너무 상심 말아요. 그나저나 우리 동네에서 이런 일을 겪게 되다니 미안해요. 하지만 이런 게 인생이지요 C'est la vie."

카페 아저씨의 말이 맞다. 이런 게 인생이다. 세 라 비 C'est la vie!

성지와 탐험가, 그리고 사랑 이야기

2
브르타뉴·노르망디

파리의 북서쪽에 위치한 지역으로 영국 해협(또는 라망슈 해협)을 접하고 있다. '노르망디'는 10세기 초 이 지역을 점령한 바이킹 'Norsemen(북쪽에서 온 사람들)'에서 유래한 이름이다. 브르타뉴는 5세기 켈트족이 색슨족의 피해 브리타니아로부터 이주한 지역이다. 정착한 켈트족을 브리튼(Britons)이라 부른 것이 브르타뉴 지방의 이름이 됐다. 프랑스 남부의 꼬뜨 다쥐르 다음으로 많이 찾는 여름 휴양지다.

천국으로 가는 길
몽생미셸 Mont Saint-Michel

―

708년 10월 어느 날 밤, 아브랑슈 지역의 주교인 오베르 Aubert 의 꿈에 대천사 미카엘이 나타났다. 미카엘 대천사는 바다에 솟아 있는 암초인 몽 통브 Monte tombe(몽생미셸의 옛 이름) 에 예배당을 지으라고 말하고는 사라진다. 오베르 주교는 처음에는 불가능한 일이라며 계시를 무시했다. 그 뒤로 같은 내용의 꿈을 반복해서 꾸게 된다.

그러던 어느 날, 화가 난 미카엘 대천사의 손가락에서 빛이 나와 자신의 두개골에 구멍을 내고 불태우는 꿈을 꾼다. 겁에 질린 오베르 주교는 그 이듬해 미카엘 대천사의 말대로 몽 통브에 작은 예배당을 짓는다. 이 이야기가 몽생미셸의 시초다. '미셸'은 대천사 '미카엘'의 불어식 발음이고, 몽생미셸은 '성 미카엘의 산'이라는 뜻이다.

그 후 933년 노르망디의 공작인 윌리엄 1세 William I 가 군사 전략적인 차원에서 이곳을 점령했고, 966년에는 공작의 후원으로 베네딕토 수도사들이 교회를 짓고 정착했다. 화재 등으로 13세기와 15세기에 걸쳐 보수 · 증축이 있었는데 당시의 건축양식이 반영되어 수도원에는 다양한 건축양식이 혼재하게 됐다. 프랑스 혁명 시기에는 이곳에 머물던 수도사들이 모두 쫓겨나고 감옥으로 사용되기도 했다. 1863년까지 무려 1만 5천 명에 달하는 죄수들이 이곳 지하 감옥에서 감금되고 죽었다. 19세기 말에 해안과 몽생미셸을 잇는 제방도로가 만들어지면서 교통이 편리해졌다. 그리고 1969년 베네딕토 수도회가 다시 들어오면서 오늘날 몽생미셸은 프랑스에서 파리에 이어 두 번째로 많은 관광객들이 찾는 곳이자 성지순례지로 자리 잡았다. 1979년에 유네스코 세계문화유산으로 등재되었다.

몽생미셸은 중세 시대 로마, 스페인의 산티아고와 함께 유럽의 중요한 기독교 성지였다. 프랑스와 유럽의 왕과 왕자, 귀족을 포함한 많은 사람들이 이곳을 '천국으로 가는 길'이라 부르며 찾아왔다. 1년에 천 명 이상의 순례자가 찾던 몽생미셸은 오늘날 연간 350만 명 이상의 순례자와 관광객들이 찾아올 정도로 유명해졌다.

브르타뉴·노르망디
-
Bretagne·Normandie

―
몽생미셸

―
몽 통브에 지은 예배당

몽생미셸과 캠핑카의 추억

몽생미셸에는 캠핑카를 타고 가게 됐다. 브르타뉴와 노르망디 쪽은 대중교통이 오래 걸리고 불편해서 캠핑카가 적격이라는 조언을 들었다. 캠핑카 여행은 많은 이들의 로망 중 하나다. 요즘은 내가 사는 제주에서도 자주 볼 수 있지만 그때는 외국에서나 볼 수 있었다. 당연히 태어나서 처음 타보는 캠핑카에 몹시 설렜다. 그러나 기대와 달리 출발한 지 몇 시간 만에 이내 답답하고 지루해졌다. 함께 타고 가는 사람들도 잘 모르는 사이인 데다 마음이 맞지 않았고, 캠핑카의 장점이라는 화장실과 주방 시설도 좁고 답답했다. 잠자리도 갑갑하기는 마찬가지였다. 주방 시설은 버너로 대신하고 화장실은 휴게소나 캠핑장의 시설을 이용했다. 프랑스의 캠핑장은 시설이 좋고 저렴했지만 외곽에 위치해 교통이 불편했다. 캠핑카 여행에서 좋았던 기억은 수산물 시장에서 싱싱하고 큼직한 게를 삶아 먹었던 것과 캠핑장에서 일하는 프랑스 아이가 한국영화를 너무 좋아해 졸린 나를 앞에 두고 끝도 없이 질문을 퍼부었던 것이다.

어찌 됐든 몽생미셸에 도착해 주차장에 차를 세우고 수도원 안으로 들어갔다. 예전에는 밀물이 되면 완전히 고립되어 썰물 때라야 걸어서 몽생미셸로 갈 수 있었다는데, 지금은 육지와 몽생미셸을 연결하는 다리가 생긴 데다 무료 셔틀버스도 다녀 편하게 오갈 수 있다.

인구 41명의 작은 암초 마을이 파리 다음으로 많은 관광객들이 찾는 곳이 될 줄이야 누가 상상했을까.

성안의 모습은 중세 시대 분위기가 고스란히 남아 있어 마치 앤티크 장난감 가게에 온 것처럼 신기하고 아기자기했다. 성문에서 수도원까지 이어지는 그랑 뤼Grand Rue는 이곳의 주요 길로 '큰 대로'라는 뜻과는 달리 어떤 곳

브르타뉴 · 노르망디
-
Bretagne·Normandie

수도원

라 메르 뽈라흐   수도원으로 가는 길에 있는 잔다르크 동상

은 두세 사람이 서 있으면 꽉 찰 정도로 좁다.

　방문자들이 관광객이다 보니 거리에는 온통 각종 기념품점과 음식점, 그리고 호텔뿐이다. 이곳에서 유명한 음식점이 있다면 '라 메르 뿔라흐La Mere Poulard'라는 호텔 겸 식당이다. 대표 메뉴인 오믈렛은 몽생미셸 지방 문화재로 등록되었을 정도로 유명하다. 가게 안에는 몽생미셸에 다녀간 유명인들은 다 이곳에서 오믈렛을 먹었다는 것을 증명하는 사진이 곳곳에 걸려 있다. 사진 속 유명인은 프랑스의 연예인부터 미국의 대통령까지 다양하다. 몽생미셸에 와서 안 먹으면 서운할 것 같아 들어가 보았는데, 가격이 비싼데다(달걀 요리가 왜 비싸야 하냔 말이다!) 입맛에도 그저 그래서 실망하고 말았다.

　수도원의 규모는 꽤 컸다. 높은 천장과 엄숙한 분위기에 관광객들의 입은 절로 조용해졌다. 이곳은 11세기에 만들어 16세기까지 보수·증축을 거치며 중세 초기의 로마네스크 양식에서 고딕 양식까지 다양한 건축 양식이 혼합되었다. 1300년이라는 역사가 고스란히 반영되어 있는 셈이다.

　당시 이런 암초에, 그나마 썰물 때나 겨우 걸어 들어갈 수 있는 곳에 예배당과 수도원을 지을 생각을 했다니 참으로 놀랍다. 당시 기독교인들의 신앙심이 얼마나 대단했는지 어렴풋이 느낄 수 있었다.

　몽생미셸은 육지에서 바라보는 모습이 가장 아름답다. 밀물과 썰물 때, 새벽과 해 질 녘 그리고 야경까지 시시각각으로 변한다. 몽생미셸의 신비로운 분위기를 제대로 보고 싶다면 하룻밤을 묵는 것이 좋다.

탐험가들의 요람
생 말로 St. Malo

많은 여행자들이 몽생미셸 당일치기 여행을 위해 왕복 7시간의 이동시간을 감수하며 힘든 하루를 보낸다. 실제로 몽생미셸에서 머무는 시간은 기차와 버스를 이용하는 시간의 3분의 1밖에 되지 않는데도 말이다. 하루는 프랑스 친구가 왜 그렇게 무모한(?) 스케줄을 잡느냐며 최소한 1박 2일 이상을 잡고 주변의 '괜찮은 도시'를 함께 여행할 것을 추천했다. 그 괜찮은 도시가 바로 생 말로다.

전형적인 휴양지로 손꼽히는 생 말로는 14~17세기에 만든 성곽 밑으로 깨끗한 모래 해변이 드리워진 아름다운 마을이다. 느긋하게 바캉스를 즐기는 프랑스인들처럼 중세 요새가 보이는 해변에서 여유를 가지는 것도 좋은 추억이다.

'생 말로'라는 지명은 6세기 초 이 지방에 정착한 아일랜드계 수도사 '말로'의 이름에서 유래했다. 이곳은 원래 켈트족의 땅으로 영국에 속해 있었지만, 1530년 브르타뉴 지역이 프랑스에 편입되면서 프랑스 땅이 되었다. 가장 번영하던 시기는 17~18세기로 모험심 많은 항해사들과 무역을 하는 상인들로 북적였다.

생 말로 태생의 유명한 탐험가로 자끄 까르띠에Jacoues Cartier, 1491~1557년를 빼놓을 수 없다. 생 말로에서 항해를 시작해 1535년 캐나다에 도착하면서 현재의 퀘벡 주를 정복했던 인물이다. 오늘날 캐나다 퀘벡 주가 불어를 사용하고 있는 이유다.

생 말로는 해적으로도 유명하다. 전설적인 해적 로버트 스루쿠프Robert Surcouf, 1773~1827년가 태어난 곳이다. 일반적으로 해적이라고 하면 국가와 적대적인 입장에서 선량한 상인들의 물건을 약탈해 심각한 피해를 주는 세력을 말한다. 하지만 당시 해적들은 탐험과 신대륙 발견을 통해 얻게 되는 부를 나누는 조건으로 왕과 긴밀한 관계를 유지했다. 고개를 갸우뚱하게 만드는 사략해적이라는 것도 있었다. 사략해적은 해군은 아닌데 적국의 배를 나포하고 재물을 빼앗고 공격할 수 있는 해적이다. 왕의 '나포장'이라는 허가 문서가 있으면 왕의 승인 하에 해적질을 할 수 있다는 거다. 16~17세기에 성행했다가 1907년 제2차 국제평화회의에서 해적 활동을 제재 당했다.

스루쿠프는 사략해적으로 47척의 영국 배를 나포하고, 전투에서 용맹함과 기사도 정신을 발휘한 전설적인 인물이다. 물론 프랑스의 입장에서 말이다. 당시 생 말로의 추기경에게 여러 차례 '애국자'라는 치하를 받고, 해적들의 왕Roi des Corsaires이라는 별명까지 얻을 정도로 추앙받았다. 생 말로에서 브라질의 리우데자네이루까지 최단 해로를 발견하기도 했다.

 한때 해상을 들썩이던 이곳은 제2차 세계대전으로 구시가지의 80%가 파괴되었던 아픔도 품고 있다. 지금은 모두 복구되어 그런 흔적을 찾아볼 수 없다.

 생 말로는 프랑스인들처럼 고운 모래해변에 누워 호젓한 시간을 보내기에 더할 나위 없는 곳이다. 브르타뉴에서 생산되는 특산품인 사과로 만든 케르 이 뽐Ker-y-Pom 패스트리를 먹어보는 것도 좋다. 사과파이를 조금씩 떼어먹으며 산책로로 잘 정비된 성곽을 한 바퀴 돌아보는 재미가 쏠쏠하다. 바닷바람에 머리카락을 날리며 눈부신 햇살에 고양이처럼 눈을 가늘게 뜨고 말이다.

생 말로 구시가지를 감싸고 있는 성벽길

생 말로의 해변

바닷물 따라 밀려오는 사랑 예감
에트르타 Étretat

우리가 걷고 있는 곳은 동글동글한 몽돌이 깔린 해변이었다. 자연스레 신발을 벗었는데 뜨거운 햇살에 달궈진 몽돌이 발바닥을 통해 느껴져 온다. 데일 것 같아 얼른 신발을 다시 신었다. 햇살에 일렁이는 해변 한쪽에는 거대한 절벽바위가 우뚝 서 있었다. 그 모양이 코끼리처럼 생겼다고 해서 '코끼리 바위'라고 부른다. 코 형상을 한 부분이 물에 잠겨 있어 바닷물을 꿀꺽꿀꺽 마시고 있는 것 같다.

바쁘게 돌아다녔던 도시에서 벗어나 에트르타에 도착하자 뭘 해야 할지 몰라 안절부절못했다. 할 게 없어 안절부절못하다니. 바쁘게 사는 사람들은 모처럼 여유가 생기면 불안해진다. 여유를 즐기는 것도 연습이 필요한 이유다. 빵을 살 겸 산책을 나선 것이 길어졌다. 발바닥은 아팠지만 몽돌 해변도 좋고 코끼리 바위도 마음에 쏙 들었다.

이곳 에트르타는 아름다운 해변과 코끼리 바위 절벽을 화폭에 담기 위해 부댕, 쿠르베, 모네, 르누아르 등 많은 화가들이 이곳을 찾았다. 작은 마을 곳곳에는 그림을 그리던 장소마다 화가들의 그림 패널이 세워져 있다. 한적한 분위기 때문에 모파상, 빅토르 위고 등의 소설가들이 글을 쓰며 머무르기도 했다. 산책하다 우연히 생각지도 못한 장소를 발견했는데 바로 『괴도 루팡』_{원제 : Le Clos Arsène Lupin}을 쓴 모리스 루블랑_{Maurice-Marie-Émile Leblanc, 1864~1941년}의 집이다. 이곳에서 1909년 『괴도 루팡』을 썼으며 현재는 박물관으로 사용하고 있다.

에트르타를 생각하면 떠오르는 에피소드가 있다. 그때는 여러 사람들과 함께 여행 중이었는데 프랑스에서 사는 아저씨 한 분이 수줍게 이곳과 관련한 이야기를 꺼냈다. 파리에서 공부하던 시절, 이곳에 놀러 와서 마음에 드는 한국 유학생을 만났다고 했다.

함께 코끼리 바위 주변을 둘러보고 해변으로 돌아오는데 바위가 너무 높았다. 내려오려면 누군가의 도움이 필요한 상황이었단다. 보통은 손을 내밀었을 텐데 아저씨는 달랐다. 어디 과년한 남녀가 손을 잡는단 말인가! 손잡이의 한쪽 끝을 잡고 내려오라는 뜻으로 '양동이'를 말없이 내밀었단다. 우리가 익히 알고 있는 양동이 말이다. 여학생은 그 모습에 반해 아저씨의 아내가 되었다고 했다.

20대 친구들은 아저씨의 연애 이야기에 너도 나도 경험담을 늘어놓으며 화기애애한 분위기가 됐다. 하이라이트는 역시 '양동이'였다. "그러니까 양동이에서 싹튼 사랑이란 말이죠? 만약 한쪽 손에 양동이가 들려 있지 않고 막대기가 있었다면 막대기 사랑이 시작되었겠네요." 키득대며 아저씨를 놀리기 위한 농담이 터져 나왔다. 아저씨는 겸연쩍어하셨지만 투박하고 귀여운 사랑 에피소드로 두고두고 기억에 남았다.

에트르타의 밤, 수다가 잦아들 무렵 우리들은 해변에 앉아 조용히 바닷소리를 들었다. 누군가 손전등을 껐다. 마지막 불빛이 사라지자 어둠이 내려앉았다. 어둠은 자연의 소리에 집중할 수 있게 해주었다. 몽돌 사이로 바닷물이 들어왔다 빠져나가는 소리가 들려왔다. 또로로로 쏴아아아. 또로로로 쏴아아아. 마법과 같은 밤이었다. 모두 몽돌과 바다가 만들어내는 소리에 취해 아무 말도 하지 않았다.

여행이 끝나고 아저씨의 집에 방문하게 됐다. 아주머니를 보자 기다렸다는 듯이 '양동이 사랑'에 대해 물었다. 도대체 어떻게 반하게 된 거냐고. 혹시나 아저씨와 다른 생각을 가지고 있을지도 모르지 않나. 중년의 아주머니는 여전히 소녀 같은 모습으로 들릴 듯 말 듯한 목소리로 수줍게 말했다.

"처음에는 수염이 덥수룩하고 무뚝뚝한 아저씨가 마음에 들지 않았어요. 그런데 그때 에트르타에서 제게 손을 내밀지 않고 양동이를 내미는 모습을 보고 좋아하게 되었어요. 한국 남자 특유의 무뚝뚝하지만 마음 속 깊이 배려하는 모습에 반해 결혼하게 되었어요."

아줌마의 대답에 나는 미소를 지었다. 사랑에 대한 추억은 가슴 속에 영원히 간직되는 거다.

에트르타의 코끼리 바위

와인과 가톨릭의 성지

3
아키텐·미드 피레네

아키텐과 미드 피레네 지방은 스페인과 국경을 맞대고 있는 지역으로 와인과 가톨릭 성지로 유명하다. 보르도는 와인의 샹제리제(천국)라 불릴 만큼 유명한 와인의 성지이고, 루르드는 세계 3대 성모 발현지로서 순례자들의 발길을 이끈다. 그리고 생 쟝 피 드 포르는 순례자의 길의 시작점으로 한국인들이 많이 찾는 곳이다. 여행자들이 선뜻 가기에는 어려운 지역이나 잊지 못할 여행지다.

와인의 샹제리제
보르도 Bordeaux

―

나는 술을 못 마신다. 대학교 신입생 시절, 선배들이 나를 보며 '술 잘 먹게 생겼다'고 말하기에 나도 그런 줄로만 알았다. 하지만 선배들의 선견지명은 오리엔테이션 때 무참히 깨졌다. 술 한 잔 마셨을 뿐인데 온몸이 가렵고 빨간 두드러기가 오르더니 팔다리에 피가 통하지 않았던 것. 미련하게 몇 번의 증상을 겪고서야 병원을 방문하게 됐고, 나는 '알코올 알레르기'라는 신기한 병명을 확인하게 됐다. 그 이후로 술과의 아주 짧은 인연은 막을 내렸다.

알코올 알레르기는 내 여행에도 밀접하게 작용했다. 숱하게 유럽 문을 드나들었지만 백년 이백년이 되었다하더라도 술과 관련한 곳은 항상 관심 밖이었으며, 술에 대한 내 정의는 '맛도 없는 데다 건강을 해치는 음료'로 명료했다. 그것이 소주든 맥주든 와인이든 말이다.

그러던 어느 날, 오스트리아에 살고 있는 유학생의 집에 잠시 머물게 되었다. 방문 기념으로 유학생이 원하는 와인을 준비했다. 오랜만에 만나는 데다 둘만의 축하 자리인지라 잔을 들고 살짝 맛을 보게 되었는데……. 세상에! 놀라운 일이 펼쳐졌다. 찬란한 무릉도원의 세계랄까. 아주 잠깐이었지만 무아지경에 이르는 행복이 내 눈앞에 펼쳐지는 것이 아닌가. 와인 한 모금은 혀끝을 살살 녹이고 온몸의 세포를 깨웠다. 지금껏 맛본 그저 쓰기만 한 와인이 아니었다. 알코올 알레르기 여행자의 새로운 발견은 그렇게 시작되었다.

    이후 나는 와인에 대한 공부를 시작했다. 그리고 와인과 관련한 지역에 방문하고 싶어졌다. 프랑스에서 와인으로 유명한 지역으로는 화이트 와인으로 유명한 알자스와 루아르, 레드 와인과 화이트 와인을 모두 생산하는 프랑스의 양대 와인 생산지인 보르도와 부르고뉴, 레드 와인을 생산하는 론, 샴페인으로 유명한 샹빠뉴를 꼽을 수 있다. 이 중 가장 유명한 곳이라면 보르도를 들 수 있지만, 내가 와인을 먼저 접한 곳은 프랑스의 동북쪽에 위치한 알자스 지방이었다.

아키텐 · 미드-피레네
-
Aquitaaine·Mid-Pyrenees

080

―
오베르네의 리즐링

―
독일식 가옥을 볼 수 있는 오베르네

와인은 내 오감으로 선택하는 것

알자스는 독일과 프랑스의 국경에 위치한 지방으로 프랑스에서 가장 부유한 주다. 이 지역은 독일령이었다가 프랑스령으로 바뀌는 등 역사의 굴곡을 겪었는데, 덕분에 현재 프랑스 땅이지만 도시 분위기는 독일과 흡사하다. 사람들 또한 대부분 독일어를 구사한다. 이곳은 화이트 와인으로도 매우 유명하며 보주 산맥을 따라 펼쳐진 와인가도 역시 명물로 손꼽힌다.

와인가도 중에서 오베르네Obernai라는 작은 마을을 방문했을 때였다. 관광안내소에 들러 이 지역의 대표적인 와인 한두 가지를 추천해달라고 부탁했다. 하루밖에 시간이 없었고, 오베르네에 관해 문외한인지라 조언이 필요했다. 그러나 관광안내소 직원은 의아한 눈빛으로 그저 나를 바라보기만 했다. '내 질문이 부족했나?' 싶어 뭔가 설명을 보충해야겠기에 "이 마을에서 가장 대중적이고 유명한 와인을 추천해주세요."하고 다시 한 번 말했다. 어디에서나 가장 유명한 것을 찾는 전형적인 한국식 질문이었다.

직원은 어이없는 표정을 짓더니 마침내 입을 뗐다.

"이곳에서는 화이트 와인을 주로 생산하고 있어요. 포도 품종은 동일할 수 있지만, 각 와이너리Winery 포도주 양조장마다 만드는 과정에 따라 같은 품종을 사용하더라도 색과 맛이 미묘하게 다르죠. 전 당신을 오늘 처음 봤는데 당신이 어떤 와인 취향을 지녔는지 어떻게 알 수 있지요? 제게 추천을 해달라는 것보다 와인셀러와 와이너리를 알려 드릴 테니 그곳으로 가서 다양한 종류의 와인을 시음해 보고 자신의 입맛에 맞는 와인을 찾으세요. 그것이 좋은 와인을 찾는 방법이에요."

얼굴이 활짝 붉어졌다. 유명한 브랜드만 찾고 있던 내 자신이 한없이 부끄러웠다. 한편으로는 덕분에 와인에 대한 가장 중요한 깨달음을 얻었으니 고맙기도 했다. 와인을 선택할 때에는 절대적인 기준보다는 오직 내 오감이 가장 중요한 잣대라는 사실 말이다. 한껏 엉켜 있던 매듭이 스르르 풀리면서 와인은 좀 더 편안한 친구로 다가왔다.

오베르네의 달콤하고 드라이한 리즐링은 내 입맛에 잘 맞았다. 리즐링은 리즐링 품종의 포도를 재배해 만든 화이트 와인으로, 독일이 대표적이지만 (특히 디저트주로 꿀처럼 매우 달콤한 '아이스바인'이 유명하다) 알자스 지역의 리즐링도 상당히 명성이 높다.

알자스 지방의 와인 산지는 보주 산맥을 따라 이어진다. 산맥의 경사면을 따라 자란 포도는 풍부한 일조량으로 인해 더욱 맛있는 와인을 만들어 낸다. 관광안내소 직원이 말한 대로 같은 리즐링이라도 맛은 천차만별이었고 몇 군데를 돌아다녀 내 입맛에 맞는 와인을 찾을 수 있었다.

한 번 딴 와인은 보관 기간이 짧은 관계로 빨리 마시는 것이 좋다. 나처럼 한 잔도 못 마시고 맛만 보는 사람은 한 병을 사서 음미할 자격조차 얻지 못하는 슬픔이 있다. 이럴 때면 여행하며 와인 한 병을 함께 나눠 마실 수 있는 친구가 간절히 그립다.

보르도의 풍성한 와인 투어

프랑스 와인의 중심지인 보르도에 도착했다. 상상 속 보르도는 바커스의 축제 분위기일 것 같았다. 기차역에 내리면 와인 향기가 코끝을 간질이고, 밤새 와인에 취한 젊은이들이 빨간 코에 부스스한 얼굴로 비틀거리며 돌아다닐 것만 같았다. 그러나 기대와는 너무나 달리 기차역 앞은 바쁘게 출근하는 사람들로 가득했다. 와인의 도시라고 하기엔 너무 건전하고(?) 일상적인 모습에 실망했다고나 할까. 바쁘게 삶의 쳇바퀴를 돌리고 있는 우리의 일상과 너무 닮아 있었다.

곧바로 관광안내소로 향했다. 보르도 관광안내소는 와인에 대한 역사만큼이나 투어도 체계적이고 다양했다. 와인 애호가라면 이곳에서 일주일쯤 머물며 천천히 눈과 입이 호사를 누리게 해도 좋을 만큼 와인 천국의 프로그램은 참으로 풍성했다.

보르도는 대서양에서 불어오는 따뜻한 바람, 여러 개의 강줄기가 가져다 준 비옥한 토양, 그리고 강렬한 태양의 혜택을 입고 만들어진 포도와 대서양에 맞닿아 있는 지리적인 조건으로 일찌감치 세계적인 와인 수출 산지로 자리 잡았다. 지역에 따라 레드 와인과 화이트 와인, 로제 와인, 스파클링 와인(발포성 와인), 제조과정을 여러번 거쳐 황금색을 지닌 황금 와인(소테른 지역에서 생산하는 최고급 단맛의 화이트 와인)을 생산하는 총 37개의 다양한 포도 산지가 분포되어 있다.

보르도의 와인은 샤토(와이너리) 중심으로 나뉜다. 와인은 1등급에서 5등급 그랑 크뤼 Grand Cru 로 나뉜다. 그라베 Graves 지역의 샤토 오 브리옹 Château Haut-Brion 을 제외한 모든 레드 와인은 주로 메독 Médoc 지역에서 생산한다. 보르도의 1등급 와인은 샤토 라피트 로쉴드 Château Lafite-Rothschild, 샤토 마고

보르도 생 쟁 기차역

Château Margaux, 샤토 라투르Château Latour, 샤토 오 브리옹Château Haut-Brion, 샤토 무통 로쉴드Château Mouton-Rothschild에서 생산한 와인을 말하는데 가격대가 비싼 편이기 때문에 일반인들이 접근하기는 다소 어렵다. 예를 들어 1787년산 샤토 마고 한 병이 22만 5천 달러(약 2억 7천만 원)를 기록하며 세계에서 가장 비싼 와인으로 팔리기도 했다. 물론 등급이 높고 가격이 비쌀수록 좋은 와인이기는 하지만 그렇다고 최고의 맛을 의미하는 것은 아니다. 가장 중요한 것은 내 미각이니까.

보르도에는 다양한 포도 산지와 와이너리를 방문할 수 있는 투어가 준비되어 있고, 보르도 시내의 역사 투어도 함께할 수 있다. 단순한 투어뿐만 아니라 와인 스쿨, 와인 테스팅 과정, 와인과 어울리는 치즈와 함께하는 클래스, 와인과 조화를 이루는 다양한 가격대의 식사 등을 체험해 볼 수 있다. 이렇듯 하이라이트인 와인뿐만 아니라 와인과 관련한 모든 것들을 함께 즐길 수 있어 와인의 샹제리제라 부를 만하다.

TIP 보르도 관광안내소에서는 5시간짜리 와이너리 투어부터 와인과 궁합이 잘 맞는 치즈, 캐비아, 푸아그라, 연어 등을 맛볼 수 있는 미식가 투어, 워크숍과 같은 전문가 과정까지 와인과 관련된 다양한 투어상품을 운영한다. 자세한 내용은 보르도 관광안내소에 들어가 보자. 가장 쉽게 참여할 수 있는 와인투어는 34유로 월요일(Blaye/Bourg), 화요일(Entre-Deux-Mers), 수요일(Saint Emilion), 목요일(Médoc), 금요일(Graves/Sauternes), 토요일(Médoc), 일요일(Saint Emilion)로 보르도 지역의 유명 와이너리를 돌아볼 수 있다.
***보르도 관광안내소** www.bordeaux-tourisme.com

잊을 수 없는 쌩떼 밀리옹(Saint-Emilion) 와인 투어

보르도의 와이너리를 방문해 와인 제조과정을 살펴보고 시음할 수 있는 가장 저렴하면서도 손쉬운 방법은 관광안내소에서 진행하는 와인 투어 프로그램에 참가하는 것이다. 요일마다 지역이 다르기 때문에 다양한 지역의 와이너리를 방문하고 싶다면 매일 투어에 참가하면 된다.

와인 투어는 1개 와이너리를 방문할 수 있는 30유로대의 반나절투어와 여러 개의 와이너리를 방문할 수 있는 90~150유로(식사 포함)대의 일일 투어로 나뉜다. 경제적 여유가 있다면 대중적인 버스투어 이외에도 개인택시, 리무진, 말, 심지어 헬기를 타고 와이너리를 돌아볼 수 있다.

내가 선택한 투어는 쌩떼 밀리옹 반나절투어로 이 지역은 보르도에서 메독Médoc, 가브Graves, 포므롤Pomerol 지역과 함께 주요 레드 와인 산지 중 하나다. 투어에는 1999년 유네스코 세계문화유산으로 등재된 쌩떼 밀리옹 마을 관광까지 포함되어 있어 와인과 역사를 두루 섭렵할 수 있는 좋은 기회였다.

투어 시간에 맞춰 관광안내소로 가니 직원이 버스가 있는 곳으로 안내했다. 한 차 가득 국적과 연령층이 다양한 사람들이 올라탔고, 그중 프랑스인이 반 정도 차지했다. 프랑스인이 많아 설명도 프랑스어, 영어 순으로 진행했는데, 쌩떼 밀리옹 지역으로 향하며 30분 정도 보르도 와인의 역사와 37개의 포도 산지, 생산하는 와인의 종류에 대한 설명을 들었다.

오늘 방문할 와이너리는 샤토 라만데Château Larmande. 쌩떼 밀리옹의 명성답게 주변이 온통 포도밭이다. 뜨거운 햇살 아래 연녹빛을 띤 포도가 수줍게 익어 가고 있다. 포도넝쿨은 한국 것에 비해 키가 작고 아담했다. 일렬

아키텐 · 미드–피레네
-
Aquitaaine·Mid-Pyrenees

샤토 라만데

장미는 포도의
상태를 알려주는 전달자다.

로 늘어선 포도나무 앞에 빨간 장미가 드문드문 피어 있는 게 신기해서 질문을 던졌더니 친절한 답변이 돌아왔다.

"이 장미를 심는 데에는 두 가지 이유가 있어요. 보시다시피 미관상으로 심기도 하죠. 하지만 더 중요한 이유는 포도의 상태를 미리 알 수 있기 때문이에요. 만약 장미가 이유 없이 마르거나 벌레가 먹는다면 그 다음에는 포도에 영향을 끼친다고 생각하면 되는 겁니다. 장미는 매우 민감한 식물이거든요."

자연을 이용해 포도의 상태를 파악한다니, 그 현명함에 사람들의 감탄사가 흘러나왔다. 이곳에서 생산하는 와인은 한 가지 품종의 포도로 만들지 않고, 메를로와 카베르네 등 두세 가지 정도의 포도를 섞어 만든다. 매년 생산하는 포도의 상태가 좋든 나쁘든 와인 맛을 일정하게 유지하기 위해 섞는 비율을 달리하거나 숙성 기간을 조절하는 등 다양한 방법을 동원하는 것. 그럼에도 날씨와 땅, 그리고 인간의 손길에 따라 맛이 조금씩 차이가 난다고 하니, 와인이 얼마나 섬세한 존재인지 새삼 깨닫게 된다.

공장 안으로 들어서자 스테인리스로 만든 거대한 기계들이 보였다. 자동 온도 조절도 되고, 보다 청결한 스테인리스가 예전의 오크통을 대신하고 있다. 숙성실로 발길을 옮겼다. 어둡고 온도가 낮은 이곳에는 낯익은 오크통들을 전시해 놓았다.

독일의 검은 숲에서 자라는 최상급 나무를 잘라 프랑스 장인들이 만든 오크통을 세계 최고로 손꼽는데, 알다시피 오크는 와인을 숙성하게 하고 맛과 향을 돋우는 데 매우 중요한 역할을 한다. 오크통은 갓 만든 것보다 몇 년씩 포도주를 담아 놓아 숙성한 것이라야 최상급 와인을 만들 수 있으며, 15년 이상이 되면 버려야 한다고.

과거에 와인을 만들던 오크통

지금은 현대적인 시설로 바뀌었다.

아키텐 · 미드-피레네
-
Aquitaaine·Mid-Pyrenees

092

먼저 와인의 색깔을 본다.

시음이 시작되기 전, 묘한 긴장감이 감돈다.

숙성실에서 다음 방으로 자리를 옮기자 사람들이 술렁이기 시작했다. 오늘의 하이라이트인 와인 시음 시간이 된 것이다. 커다란 테이블 위에는 레드 와인과 화이트 와인 2가지, 잔 수십 개가 놓여 있었다.

가이드는 와인을 조금씩 따라 주며 와인을 맛보는 방법에 대해 이야기했다. 먼저, 와인 색을 보고(이때 하얀색 종이에 비춰 보면 잘 보인다) 와인 잔에 코를 담그듯 향을 음미한 뒤 맛을 본다. 이때는 후루루 소리를 내며 공기를 머금고 혀의 감각을 최대한 이용한다.

그런 다음, 와인 잔을 빙글빙글 돌려 산소와 접촉하게 하고 위의 음미 방법을 반복한다. 이렇게 산소와 접촉한 와인은 색깔도 밝아지고 맛도 조금 가벼워져서 제대로 된 맛을 느낄 수 있다고 한다.

가이드는 와인에서 스모키한 향과 나무향이 나며, 신맛과 떫은맛이 나기 때문에 이 와인의 빈티지(생산년도)는 몇 년일 것이라고 얘기했는데 정말 족집게처럼 딱 들어맞았다. 『신의 물방울』이라는 만화에서나 보던 장면이 내 눈앞에서 그대로 재현되다니, 신기했다.

가이드가 안내한 레드 와인과 화이트 와인 시음이 끝나고 주변을 둘러보자 사람들의 얼굴은 부드럽게 상기되어 있었다. 난생처음 얼굴을 마주한 이방인들은 와인 이야기를 자연스럽게 주고받으며 웃었다. '술의 힘'은 이런 것일까. 한국에서 온 알코올 알레르기 여행자도 그 틈에서 행복한 술잔치를 만끽하고 있었다.

"와인 한 잔이 사람을 제대로 알게 한다." (프랑스 속담)

잠시 휴식 시간을 보낸 후 쌍떼 밀리옹 마을로 향했다. 가이드는 샤토에서 5~10분 정도 되는 거리라며, 자유 시간을 즐겨도 좋고 자신을 따라 다니며 마을 설명을 들어도 좋단다. 이후 남는 시간은 쇼핑을 하거나 마을을 둘러보고 오후 5시까지 차량으로 꼭 돌아오라고 당부했다.

이 마을은 2세기 무렵 로마인들이 와인 농장을 운영한 곳으로 와인 역사가 매우 깊은 곳이다. 마을 이름도 8세기 밀리옹이라는 수도승이 정착하면서 쌍떼 밀리옹이라 부르게 되었으며 로마네스크 양식의 오래된 성당이 있는 아주 작은 마을이다.

가이드를 따라 성당 지하를 둘러보고. 남는 시간 동안 마을을 감상하는 사이 어느새 시간은 5시가 다 되어 간다. 서둘러 약속 장소로 돌아가 기다리고 있는 버스에 올랐다. 가이드가 우려한 대로 세 명이 아직 도착하지 않은 상태였다. 5분이 지나 10분쯤 되었을 때 두 사람이 멋쩍은 표정으로 차에 올랐고, 그 후 또다시 5분이 지났을 즈음 마지막 한 사람이 웃으며 달려왔다. 늦지 말라고 단단히 일러두었던 터라 가이드의 표정은 좋지 않았다. 단체 여행에서 시간엄수는 필수다.

반나절투어는 이렇게 끝이 났다. 오후 2시에 시작해 보르도로 다시 돌아오니 6시. 보르도 주변에 산재한 와이너리는 대중 교통수단으로 연결되지 않기 때문에 개인적으로 와이너리를 방문하는 방법은 렌터카를 이용하는 수밖에 없다. 하지만 그럴 경우 제공하는 설명과 다양한 시음 기회가 단체 팀에 비해 상대적으로 적다. 그래서 관광안내소에서 운영하는 와이너리 투어가 가격도 저렴하고 만족도도 높다.

아키텐 · 미드-피레네
-
Aquitaaine·Mid-Pyrenees

포도묘목도 판매하고 있다.

쌩떼 밀리옹 전경

와인박물관에서 만난 보르도의 자부심

다음 날, 보르도 시내 구경을 하다 와인박물관을 찾았다. 와인 역사에 대해 조금 더 알아보고 싶었다. 와인박물관은 기대와는 달리 입구도, 실내도 텅 텅 비어 있다. 이유인즉 주로 단체 팀들이 방문하기 때문에 지금은 한산한 때란다. 단체 방문객들과 시간을 맞춰 왔으면 설명을 들을 수 있었겠지만, 혼자 온 나에게는 영어로 된 자료를 주며 돌아보는 루트를 일러주었다.

어제 투어에서 들은 설명을 바탕으로 자료집을 참고해 박물관을 둘러봤다. 박물관 자체가 17세기 북유럽이나 영국으로 와인을 수출하기 전에 저장하는 창고로 사용한 곳이다. 어두운 불빛과 저온의 박물관이 으스스해 얼른 한 바퀴를 돌고 와인 기념품과 판매점이 있는 곳으로 들어갔다.

와인박물관에서 일하고 있는 목소리가 명랑한 조지에게 궁금한 질문 몇 가지를 했더니 혼자 온 방문객을 위해 보르도의 와인 산지에 대한 설명을 시작했다. 어제 한 투어가 한 지역에 그쳤다면 이곳에는 각 포도 산지에서 가져온 대표적인 와인들이 전시되어 있었다. 설명으로만 들었던 소테른 지역의 당도가 매우 높다는 달콤한 황금색 와인도 시음해 볼 수 있었다.

나는 조지에게 조금은 불쾌할 수 있지만, 정말 궁금하던 질문을 했다.

"혹시 보르도에서 생산하는 와인 중에서 값싼(값이 싸다고 품질이 떨어진다는 의미는 아니다) 남미산 와인을 블렌딩해 'Made in France' 또는 '보르도'라고 수출하는 제품은 없나요?"

조지는 보르도에서 생산하는 와인은 절대로 그런 일이 없다며 국가와 조합에서 철저히 관리해 와인 명산지로서 자존심을 지키고 있다고 말했다. 또한 미국산 와인이 세계에서 호평을 받으면서 프랑스 와인의 세계적인 입지가 위태로워질 수도 있지 않겠냐는 질문에도 당당하게 답변했다.

"프랑스 와인은 좋은 토양과 햇살 아래에서 생산하는 양질의 포도와 장인 정신 그리고 오랜 전통에서 이어진 철저한 기준을 가지고 있어요. 이 세 가지 조건은 프랑스 와인을 세계 최고로 만드는 자부심이고, 앞으로도 변함없이 계속될 거라고 생각해요."

불쾌할 수도 있는 질문에 진지하게 응해 준 조지의 친절이 고마웠고, 동시에 보르도 와인에 대한 자존심과 자부심이 매우 인상적이었다. 조지는 젊었지만 이 여인이 발산하는 아우라는 보르도 와인의 역사만큼이나 중후하고 깊었다. 역시 오랜 전통과 장인 정신처럼 강한 것은 없는 모양이다.

조지에게 한국인들이 보르도산 와인에 대해 많은 관심을 가지고 있고 한국에서는 와인이 저렴한 편이 아니라서 다양한 종류의 와인을 접할 수 없다고 말하니, 한국인들의 이미지에 어울리는 와인을 특별히 추천해 주고 싶다고 했다.

클로 보호갸 Clos Beauregard. 과일향이 풍부한 드라이한 레드 와인으로 가격도 10유로대로 부담스럽지 않고 한국인들의 입맛에도 잘 맞을 것 같단다. 오베르네에서 마셨던 맛있는 리즐링도 7유로 정도였다. 역시 비싸다고 맛있고 좋은 와인이 아니다. 조지가 말한 대로 다양한 종류의 과일향이 가볍게 입 안에 번지더니 금세 사라져 버린다. 레드 와인이 이렇게 달콤하고 부드러운 느낌일 수 있다니……. 드라이한 와인의 맛은 참으로 매혹적이다.

유럽 사람들은 우리가 밥을 먹을 때 항상 물을 마시는 것처럼 와인을 곁에 둔다. 친구나 가족 모임, 축하하는 자리에서도 항상 와인을 꺼낸다. 자연스럽게 어렸을 때부터 와인을 접하고, 다양한 와인을 경험하면서 친구처럼

와인박물관 기념품점

편안한 관계가 된다. 한국에서는 와인이 소주나 막걸리보다는 비싸지만, 유럽에서는 한국의 대중적인 술들과 크게 차이가 없다. 슈퍼마켓에 가면 1~5유로대의 저렴한 와인도 많아 누구나 쉽게 마실 수 있다.

　무궁무진한 와인의 세계. 다양한 포도 품종과 신의 영역인 땅과 기후 그리고 인간의 영역인 블렌딩, 제조방법 등에 따라 수천수만 가지 맛의 와인이 탄생한다. 같은 품종과 브랜드라도 매년 조금씩 다른 맛을 볼 수 있다는 점이 와인의 가장 큰 매력이 아닐까. 앞으로 내가 경험할 수 있는 미지의 와인은 얼마나 될까 생각해 보니 나도 모르게 심장이 두근두근 뛴다. 술을 좀 더 마실 수 있길……. 술을 잘 마실 수 있는 사람이 되고 싶다고 간절히 바라기는 난생처음이다.

/보르도 와인의 역사/

보르도는 12세기에 영국 왕인 헨리 2세Henry II와 아키텐 공국의 알리에노르 다키텐 Aliénor d'Aquitain의 결혼으로 영국의 공작령이 되면서 품질이 좋은 보르도산 와인을 영국으로 들여오기 위해 발달하기 시작했다. 13세기에는 보르도와 경쟁 관계에 있던 포도주 수출항인 라 로셸La Rochelle이 프랑스 손에 넘어갔고, 영국 왕이 보르도 업자들에게 관세 특혜를 주면서 보르도 와인 산업의 독주가 시작되었다. 13세기 중반에는 영국 왕실이 주문하는 와인 중 3/4이 보르도산 와인이었다고 한다. 그러다가 17세기 네덜란드의 사업가들이 보르도에 들어오면서 보르도의 와인을 좀 더 체계적으로 생산하게 되었고, 세계적인 수출 산지로 발돋움하게 되었다. 현재 보르도에는 약 8,000여 개의 샤토가 있다.

*프랑스 주요 와인 생산지

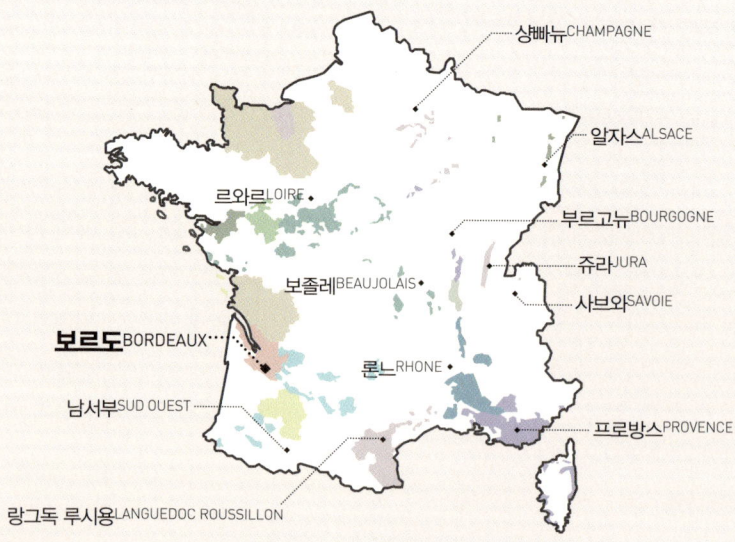

세계에서 가장 비싼 와인

부르고뉴 지역에서 생산하는 로마네 꽁띠Romanée-conti는 세계에서 가장 비싼 와인으로 한 병에 3~5천 유로에 팔린다. 로마네 꽁띠는 프랑스에서 가장 작은 면적(1.81ha)에서 피노 누아Pinot Noir라는 품종으로 만드는 와인으로 그 희소성과 최고의 맛을 인정받아 세계에서 가장 비싼 와인으로 등극했다.

와인 라벨 읽는 법

수천 종류의 와인 중에서 취향에 맞는 와인을 고르려면 점원을 찾아 ❹ 중에서 원하는 와인을 선택하고, 드라이한 정도나 달콤한 정도를 문의하면 추천해 준다. 기본적으로 아래의 라벨 읽는 법이 도움이 된다.

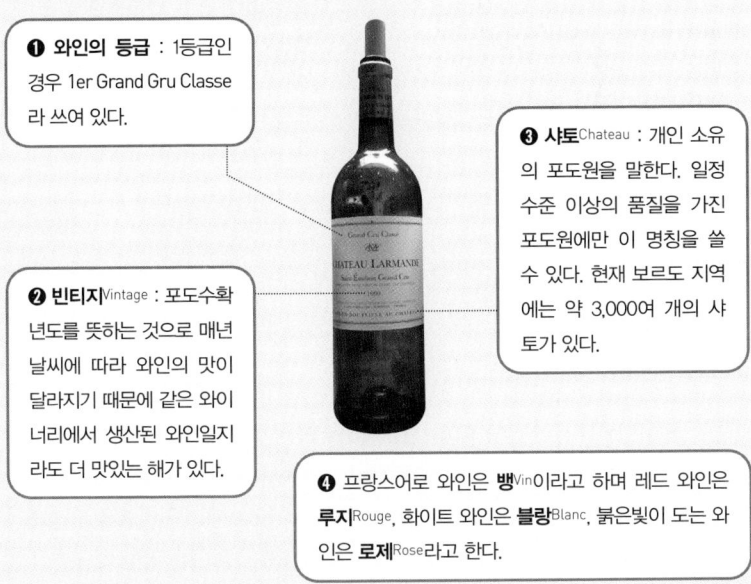

❶ **와인의 등급** : 1등급인 경우 1er Grand Gru Classe 라 쓰여 있다.

❷ **빈티지**Vintage : 포도수확 년도를 뜻하는 것으로 매년 날씨에 따라 와인의 맛이 달라지기 때문에 같은 와이너리에서 생산된 와인일지라도 더 맛있는 해가 있다.

❸ **샤토**Chateau : 개인 소유의 포도원을 말한다. 일정 수준 이상의 품질을 가진 포도원에만 이 명칭을 쓸 수 있다. 현재 보르도 지역에는 약 3,000여 개의 샤토가 있다.

❹ 프랑스어로 와인은 **뱅**Vin이라고 하며 레드 와인은 **루지**Rouge, 화이트 와인은 **블랑**Blanc, 붉은빛이 도는 와인은 **로제**Rose라고 한다.

난공불락의 요새 도시
카르카손 Carcassonne의 라 시테 La cite

―

유럽 여행을 꿈꾸는 사람이라면 누구나 한 번쯤 유럽의 이미지를 머릿속에 그려 보곤 한다. 많은 이들에게 공통된 유럽의 이미지는 바로 중세 시대의 성과 오래된 골목이 아닐까.

실제로 유럽에는 수많은 성이 산재해 있고 그 크기와 형태도 다양하다. 일반적으로 동화 속에 나오는 왕과 왕비, 그리고 아름다운 공주가 사는 주거지를 성이라고 생각하기 쉽지만, 성의 본래 목적은 적의 침입을 효과적으로 막기 위한 것이다.

카르카손Carcassonne은 길고 특이한 이름만큼이나 프랑스에서 유명한 곳이다. 중세 시대에 만든 것 중에서 유럽에서 가장 큰 요새 도시이기 때문이다. 우리나라에는 잘 알려지지 않았지만 프랑스에서 파리와 몽생미셸에 이어 셋째로 관광객들이 많이 방문한다.

유럽에서 가장 크다고는 해도 성안을 한 바퀴 돌아보는 데 채 30분이 안 걸릴 정도로 작다. 작은 규모이지만 적을 효과적으로 감시하기 위해 만든 망루만 53개나 된다. 1226년 이중으로 성벽을 쌓은 후 단 한 번도 함락된

적이 없는 난공불락의 요새로 1997년 세계문화유산으로 등재되었다.

카르카손이 철통같은 요새 형태를 갖추게 된 것은 역사와 관련이 있다. 카르카손은 6세기까지는 이슬람권에 속했다가 이후 프랑크 왕국에 속하게 된 곳으로, 수세기 동안 이슬람과 기독교 세력이 영역 다툼을 벌였다. 1659년 피레네 조약으로 에스파냐와 프랑스의 분쟁이 종료될 때까지 카르카손은 프랑크 왕국의 남쪽 국경선을 지키는 중요한 요새였다.

흥미로운 '마담, 까르까스'의 전설도 이 역사와 관련이 있다. 카르카손이 이슬람의 도시로 기독교인 프랑크 왕국에 대항하여 50년 동안 전쟁이 지속될 때의 이야기다. 이때 프랑크군은 성을 둘러싸고 식량과 물을 차단하는 이른바 '아사 작전'을 폈다. 성의 여왕인 까르까스Carcass는 고민 끝에 군사들을 시켜 성벽 위에서 살찌운 돼지들을 던져 버렸다고 한다. 이는 아무리 배가 고파도 이슬람에서 금하는 돼지고기는 먹지 않겠다는 결사항전의 의지를 보인 것이었다. 프랑크군은 이에 감동하여 포위를 풀고 철수했다. 다른 설에 따르면 이를 본 프랑크 군대가 성안에 음식이 넘쳐 나는 줄 알고 포기했다는 이야기도 있다.

어찌 되었건 프랑크군이 포위를 풀고 철수하자 까르까스 여왕은 성안의 모든 종을 울리게 했고, 이후 프랑크 왕국과 평화를 유지하게 되었다는 전설이다. 그래서 여왕의 이름인 까르까스 'Carcass'와 '종을 울리다'라는 뜻인 'Sonner'가 합쳐져 오늘날 카르카손 '까르까스가 종을 울리다'라는 뜻의 지명이 되었다고 한다.

아키텐 · 미드-피레네
-
Aquitaaine·Mid-Pyrenees

아이들을 위해 파는 갑옷과 목검

바람을 피해 숨은 고양이

중세 분위기가 물씬 풍긴다.

난공불락의 요새, 카르카손

세계 3대 성모 발현지
루르드 Lourdes

프랑스에서 가장 유명한 성모 발현지인 루르드에 다녀왔을 때 한 가톨릭 신자분이 말했다.

"루르드까지 갔는데 왜 침수(성수에 몸을 담그는 것)는 안 하셨어요?"

"그야 전 가톨릭 신자도 아니고 침수 시간도 맞지 않았고……."

말꼬리를 흐리면서 답하는데 한편으로는 아쉬움이 몰려왔다. 그 분은 루르드에서 침수한 후에 어렸을 때부터 끈질기게 괴롭히던 아토피가 말끔히 나았다며 경험담을 들려주었다. 나도 심하지는 않지만 몸이 안 좋을 때면 아토피가 재발해 고생하곤 하는데, 밑져야 본전인 것을 왜 해보지 않았을까. 아무리 생각해도 후회가 되었다.

다음 기회로 미룬 루르드 여행은 몇 년 뒤 우연처럼 다가왔다. 근처 도시를 지나다 들르게 된 것이다. 갈 때마다 날씨가 흐려 좋은 사진을 찍지 못했던 기억에 이번에는 햇살이 비추기를 간절히 소망했다. 하지만 운이 없는 건지 아니면 원래 이곳에는 햇살이 도통 없는 건지, 지난번 여행과 별반 다르지 않은 우중충함이 나를 맞았다. 사람들은 모두 두터운 파카를 입은 채

그 여인은 긴 머리의 젊은 여성이었다. 흰색 면사포를 쓰고 흰 옷을 입고 있었으며 허리 부분에는 발밑까지 늘어지는 푸른색 띠를 매고 있었다. 신발을 신지 않았고 발을 덮는 긴 치마의 단 언저리에는 노란색 장미가 보였다. 오른손에는 금색 고리로 연결된 흰색 로사리오(묵주)를 들고 있었다.

길거리를 거닐고 있었다. 그나마 다행인 것은 예전에 공사 중이던 로사리오 성당이 깔끔하게 제 모습을 갖췄다는 것 정도였다.

  루르드는 인구 1만 5천 명이 사는 작은 마을이지만, 연간 5백만 명의 순례자와 관광객이 찾는다. 때문에 프랑스에서 파리 다음으로 많은 숙소를 보유하고 있는 곳이다. 우리나라의 기독교 신자들이 프랑스에서 가장 방문해 보고 싶어 하는 성지다.

입구에서 바라본 루르드 성지

가난한 양치기 소녀에게 나타난 성모 마리아

성모 발현은 성모 마리아가 한 명 또는 그 이상의 사람들에게 나타난다고 여겨지는 기적 현상이다. 우리나라를 포함해 전 세계에서 성모 발현을 목격한 사람들은 많지만, 교황청에서 공식적으로 인정한 성모 발현은 소수에 불과하다. 그중 잘 알려진 곳으로 멕시코의 과달루페, 프랑스의 루르드, 폴란드의 파티마 등이 있다.

루르드에 대해 말하자면 기적의 샘물 이야기를 빼놓을 수 없다. 학창 시절 우연히 TV에서 보게 된 다큐멘터리는 19세기 프랑스에서 있었던 성모 발현에 대한 이야기를 다루고 있었다. 가난한 양치기 소녀에게 성모 마리아가 무려 18회나 발현했다. 성모님이 가리킨 곳에 샘물이 솟아났는데 그 물을 마신 수많은 사람들이 병을 고쳤다는 내용이었다.

1858년 2월 11일, 열네 살 양치기 소녀 벨라뎃다가 여동생 뜨와네뜨와 친구인 잔느와 함께 땔감을 주우기 위해 가브 강어귀로 갔을 때였다. 뜨와네뜨와 잔느는 얕은 강을 건너 땔감을 주우러 갔지만, 벨라뎃다는 천식이 도질까 두려워 강을 건널 수 없었다.

눈앞에서 뜨와네뜨와 잔느가 사라지자 이들을 따라가기 위해 신발을 벗기 시작했다. 이때 천둥 같은 큰 소리가 들렸다. 소리가 들리는 쪽으로 몸을 돌리니 동굴 안에서 금빛 구름이 나오는 것이었다. 그리고 지금까지 한 번도 본 적이 없는 아름다운 여인이 입구 쪽 장미 덤불 위에 서 있었다.

벨라뎃다는 몸을 움직일 수 없을 만큼 놀랐지만 신기하게도 무섭지 않았다. 그 여인은 벨라뎃다를 향해 미소를 지으며 가까이 오라고 했다. 여인에게 다가간 벨라뎃다는 자신도 모르게 묵주를 꺼내 무릎을 꿇었다. 여인도 묵주를 손에 들었다. 벨라뎃다의 기도가 끝나자 여인은 동굴 안으로 들어갔고 금빛 구름도 함께 사라졌다.

그 여인은 긴 머리의 젊은 여성이었다. 흰색 면사포를 쓰고 흰 옷을 입고 있었으며 허리 부분에는 발밑까지 늘어지는 푸른색 띠를 매고 있었다. 신발을 신지 않았고 발을 덮는 긴 치마의 단 언저리에는 노란색 장미가 보였다. 오른손에는 금색 고리로 연결된 흰색 로사리오(묵주)를 들고 있었다.

여인이 사라진 후, 뜨와네뜨와 잔느가 무릎을 꿇고 있는 벨라뎃다를 발견하고 놀리기 시작했다. 집으로 돌아오는 길에 벨라뎃다는 동생 잔느에게 신비한 이야기를 들려주었다. 저녁 식사 시간, 잔느가 어머니에게 이 이야기를 전하자 어머니는 벨라뎃다가 환영을 본 것이라며 마사비엘 동굴 근처에는 가지 말라고 충고했다. 하지만 벨라뎃다는 아름다운 여인의 모습을 잊을 수가 없었다.

이틀이 지나 일요일이 되자 벨라뎃다는 어머니에게 다시 한 번 마사비엘 동굴에 가게 해 달라고 사정한다. 처음에 반대하던 어머니도 딸의 간곡한 요청을 꺾을 수가 없어 잔느와 뜨와네뜨와 동행할 것과 그 아름다운 여인이

벨라뎃다의 동상

악마일 수도 있으니 작은 병에 성수를 담아갈 것을 권했다.

    동생 뜨와네뜨가 동네에 소문을 내 버린 통에 더 많은 친구들이 따라나섰다. 친구들이 따라오는 동안 벨라뎃다가 먼저 마사비엘 동굴에 도착해 동굴 앞에서 무릎을 꿇고 기도를 시작했다. 아름다운 여인이 다시 나타났고 기도하는 동안 벨라뎃다를 미소 띤 얼굴로 바라보았다.

    친구들이 도착하자 벨라뎃다는 여인이 있는 곳을 가리켰지만 이들의 눈에는 보이지 않았다. 한 친구가 여인에게 성수를 뿌리라고 외쳤고 벨라뎃다는 성수를 땅에 부었다. 성수를 기쁜 눈으로 바라보는 여인의 모습은 결코 악마가 아니었다. 잠시 후, 벨라뎃다는 여인이 있는 곳을 보며 무아지경에 빠진다. 얼굴은 행복감으로 가득 찼으며 표현할 수 없을 정도로 아름다웠다고 한다.

아키텐 · 미드—피레네
-
Aquitaaine·Mid-Pyrenees

벨라뎃다 가족이 살았던 집

이후 7월 16일까지 모두 18번의 발현이 계속되었다. 마을뿐만 아니라 근교의 도시까지 이 소문이 퍼져 나갔다. 사람들은 성모의 발현을 보기 위해 벨라뎃다가 마사비엘을 찾을 때마다 모여들었다. 그 수는 수십 명에서 점점 늘어나 2천여 명에 이르게 되었다.

아홉 번째 발현 때, 성모님은 벨라뎃다에게 "샘으로 가서 그 물을 마시고 몸을 씻어라. 그리고 그 가까이에서 자라는 풀을 먹도록 해라."하고 말하며 손가락으로 한 지점을 가리켰다. 그곳에는 더러운 흙탕물이 보였다. 벨라뎃다는 사람들이 보는 앞에서 땅을 판 후 그 물을 마시고 몸을 씻었다. 그리고 풀을 먹기 시작했다. 이 광경을 지켜보던 사람들은 벨라뎃다가 미쳤다고 수군댔지만, 잠시 뒤 바로 그곳에서 맑은 샘물이 솟기 시작했다.

이 이야기는 프랑스 곳곳으로 퍼져 나가 온갖 종류의 병을 앓는 환자들이 샘물을 찾아 몰려왔다. 사람들은 이 샘물을 마시거나 몸에 뿌렸고 이후 많은 기적적인 치료가 보고되었다. 마사비엘 동굴을 찾는 사람들의 수가 점점 많아지자 프랑스 정부는 동굴을 울타리로 막고 출입 금지 구역으로 지정했다. 그리고 이곳에 접근하는 자는 엄중하게 처벌한다고 발표했다.

열여섯 번째 발현일에는 사람들이 동굴 주변에 울타리를 쳐서 안으로 들어갈 수가 없었다. 그러자 벨라뎃다는 가브 강가에 무릎을 꿇은 채 기도했고 아름다운 여인이 다시 나타났다.

"당신은 누구십니까?"

벨라뎃다는 여인에게 물었다.

"나는 원죄 없는 잉태다 Que soy era Immaculada Concepciou."

여인은 조용히 대답했다. 하지만 학교에 다니지 못한 벨라뎃다는 이 뜻을 이해하지 못했다.

비판적인 태도를 보이던 교회는 전국이 술렁대자 루르드에 대한 조사위원회를 발족했고. 다음해 지역 교구장은 "성모 마리아께서 벨라뎃다에게 나타나셨다."고 발표했다. 벨라뎃다는 1866년 루르드를 떠나 수녀가 되었다. 35세의 나이로 1879년 선종했는데 그녀의 몸은 1933년 교황 비오 11세가 시성하여 루르드의 지하 성당에 안치되었다.

루르드는 공식적인 기독교 성지로 베네딕토 15세, 비오 11세, 요한 23세는 주교 시절에 루르드를 찾아왔으며, 비오 12세는 교황 사절 때 루르드를 찾았다. 요한 바오로 2세는 루르드를 세 번이나 방문했고, 베네딕토 16세는 2008년 9월 15일 루르드의 성모 발현 150주년을 맞아 루르드를 찾아 미사를 거행했다.

/기적의 루르드 샘물에는 어떤 성분이 있을까?/

　루르드의 샘물은 기적의 샘물로 불리며 난치병을 앓는 많은 사람이 이곳을 방문해 물을 마시고 몸을 씻는다. 루르드의 샘물은 무료이며 침수 또한 자원 봉사자들의 도움으로 무료로 진행된다. 샘물의 치유 능력이 알려지면서 과학적인 물의 성분에 대해 세간의 관심이 집중되었다. 1858년 루르드 시장의 의뢰에 따라 루르드 샘물에 대한 성분 분석이 진행되었다. 그 일은 툴루즈의 교수가 맡았는데 조사 결과 샘물은 산소, 질소, 탄산석회, 산화마그네슘, 극소량의 탄산철, 알칼리성 탄산염 또는 규산염, 칼륨과 나트륨의 염화물, 극소량의 칼륨과 소다의 황산염, 극소량의 암모니아, 극소량의 요오드 등의 성분을 함유하고 있는 것으로 밝혀졌다. 수질은 매우 깨끗하며 특별한 작용을 일으키지 않는 것으로 결론지었다. 성모 발현 이후 루르드에서는 지금까지 7천여 건의 기적 치유 사례가 보고되었고, 그중 교회가 공식으로 인정한 기적은 총 67건이다.

아키텐 · 미드-피레네
-
Aquitaaine·Mid-Pyrenees

성모 발현지, 마사비엘 동굴

'로사리오 행렬' 때가 되면 사람들로 가득 찬다.

세계 평화를 위한 간절한 기도

기차역을 나와 성당을 향해 걸었다. 가브 강을 가로지르는 다리를 지나자 입구와 거대한 광장이 나타났다. 매년 9월 15일이 되면 루르드에서 발현한 성모님을 기리기 위해 전 세계에서 신자들이 모여들고 이 거대한 광장은 인파로 가득 찬다. 프랑스의 작은 마을이 파리에 이어 가장 많은 숙소를 보유하게 된 이유다. 하나의 촛불이 모이고 모여 광장은 어느새 환한 빛으로 가득 찬다. 사람들은 하늘을 향해 세계 평화를, 죄지은 사람들을, 그리고 자신과 주변 사람을 위해 기도한다. 이 행렬을 '로사리오 행렬'이라고 부르는데 이렇게 많은 사람이라면 그 에너지만으로도 무언가 큰 변화를 만들어낼 만한 분위기다.

성당을 지나고 성수를 받는 곳과 성모님이 발현한 마사비엘 동굴을 지나 침수 장소로 향했다. 여성과 남성으로 출입구가 나뉘어, 벌써 수십 명의 사람들이 벤치에 앉아 자신의 차례를 기다리고 있다. 들어가는 입구에 각 나라별로 안내서가 비치되어 있는데 구석에 한국어 안내서도 보였다. 유럽의 미술관과 박물관에서 한국어를 찾는 것은 매우 드문 일이지만, 가톨릭 성지에서 한국어를 찾는 일은 의외로 쉽다. 우리나라의 많은 신자들이 성지 순례를 목적으로 루르드를 방문하고 있고, 신부님이나 수녀님들이 상주하며 순례자들을 돕는 시스템이 매우 잘 갖춰져 있기 때문이다.

지그재그로 이어진 벤치를 따라 자리에 앉는다. 기다리는 사람들은 모두 조용히 손을 모으고 기도를 하거나 자기 나라의 언어로 쓰인 종이를 읽으며 고개를 숙이고 있다. 나지막이 흐느끼는 사람도 있다. 나도 조용히 자리에 앉아 한국어로 된 안내서를 펼쳤다.

아홉 번째 발현 때에 귀부인은 벨라뎃다에게 이렇게 말씀하셨습니다.

아키텐 · 미드-피레네
-
Aquitaaine·Mid-Pyrenees

"죄지은 자들을 위해 무릎으로 걷고 땅에 입 맞추고, 여기 있는 풀을 먹을 수 있겠습니까?"

누군가를 위해, 특히 내가 알지 못하는 사람을 위해 당신은 희생할 수 있느냐고 묻는다. 그것도 죄인들을 위해 자신을 희생할 수 있는지를 묻는다. 솔직히 나는 모르는 사람들을 위해 희생할 수 있는 그런 사람이 되지 못한다. 도대체 누가 그런 희생을 할 수 있을까? 갑자기 사람들을 위해, 죄인들을 위해 희생한 성모님과 예수님의 성스러운 마음이 느껴지기 시작한다. 주변에서 흐느끼는 신자들의 마음이 그대로 전해져 온다. 그들이 눈물을 흘리는 이유를 이제야 알 것 같다.

그저 성수에 몸을 담가 좀 더 건강해지기를 바라던 얄팍한 내 욕심이 부끄러워졌다. 루르드의 물은 '죄인을 위해' 생명을 바친 그리스도의 사랑이며, 용서와 마음의 정화를 의미하는 것이었다.

조금씩 줄이 줄어 맨 앞으로 자리를 옮기자 눈앞에 머리가 새하얗고 허리가 많이 굽은 할아버지가 서 있다. 명찰에는 자원 봉사자, 이탈리아인이라고 쓰여 있고 이름도 적혀 있다. 할아버지는 묵언으로 모든 진행을 하고 있었다. '3'이라는 숫자가 쓰인 카드가 건물 안에서 보이면 할아버지는 아무 말 없이 앉아 있는 세 사람을 지목하며 들어가라고 손짓했다. 조금이라도 떠드는 소리가 들리면 "여기는 성지입니다."하고 말하듯이 엄한 표정으로 바라보았다. 자원 봉사자 중에는 나이가 지긋한 분들이 꽤 많았다. 이곳에서 침수를 진행하는 동안에는 말을 하지 않고, 손짓, 카드, 안내서 등으로 모든 일을 처리하고 있었다. 인생의 황혼을 성지에서 보내는 사람은 참 행복하리라.

할아버지가 팔을 의지하고 서 있는 휠체어에는 사람들의 옷가지와 소지품들이 그대로 놓여 있다. 이곳에는 몸이 불편한 사람들이 많이 찾기 때문에 항상 휠체어가 준비되어 있다. 잠시 뒤 휠체어가 들어가고 할머니 세 분이 머리카락이 젖은 채 밖으로 나왔다. 불편한 몸이었지만 얼굴에는 경건함과 침수 후의 가슴 벅참이 그대로 전해졌다.

경건한 침수의식을 치르다

잠시 뒤, 내 차례가 되었고 할아버지의 손짓에 따라 건물 안으로 발길을 옮겼다. 건물 안 의자에서 잠시 대기한 후 숫자 카드가 보이자 천으로 가려진 여러 개의 방 중에 한 곳으로 들어갔다. 작은 공간에는 네다섯 명의 자원 봉사자가 있었고 모두 묵언한 채 조용히 움직였다. 가장 어려 보이는 이의 명찰을 보았더니 10대 후반의 미국인이다. 이렇게 먼 곳까지 오다니 정말 놀랍다.

먼저 소지품을 벽에 걸고 옷을 모두 벗었다. 자원 봉사자가 천으로 가려 주어 부끄러움은 없었다. 얇은 천으로 몸을 두른 후 앉아 있자 금세 내 차례가 되었다. 바로 옆에 있는 천 안으로 들어가자 조금 넓은 1인용 욕조가 보인다. 우리나라 작은 목욕탕의 냉탕처럼 생겼고, 계단을 따라 욕조로 들어가게 되어 있었다. 맞은편 벽에는 성모 마리아의 작은 동상이 내려다보고 있다.

양쪽 팔을 잡은 자원 봉사자의 부축을 받으며 차가운 물속으로 한 걸음씩 들어간다. 신자라면 기도문을 외우라고 하는데, 나는 신자가 아니니 어떻게 해야 할지 망설이다가 알려 주는 대로 성호를 긋고 성모님께 감사하다는 말을 반복했다. 세 명의 자원 봉사자의 도움으로 차가운 물 안에 온몸을 담그고 앉아 머리를 뒤로 해서 잠깐 누웠다가 일어나니 침수의식이 모두 끝이 났다.

옷을 갈아입는 방으로 돌아왔다. 몸에서 물방울이 뚝뚝 떨어졌지만 이 물은 성수이기 때문에 닦지 말고 그대로 옷을 입으라고 알려 준다. 남은 물기 때문에 옷이 젖어 감기에 걸리지 않을까 걱정했는데, 초겨울 날씨에 찬물에 들어갔다 나왔더니 몸에 있는 열기 때문에 물들이 금세 증발해 버렸다. 옷

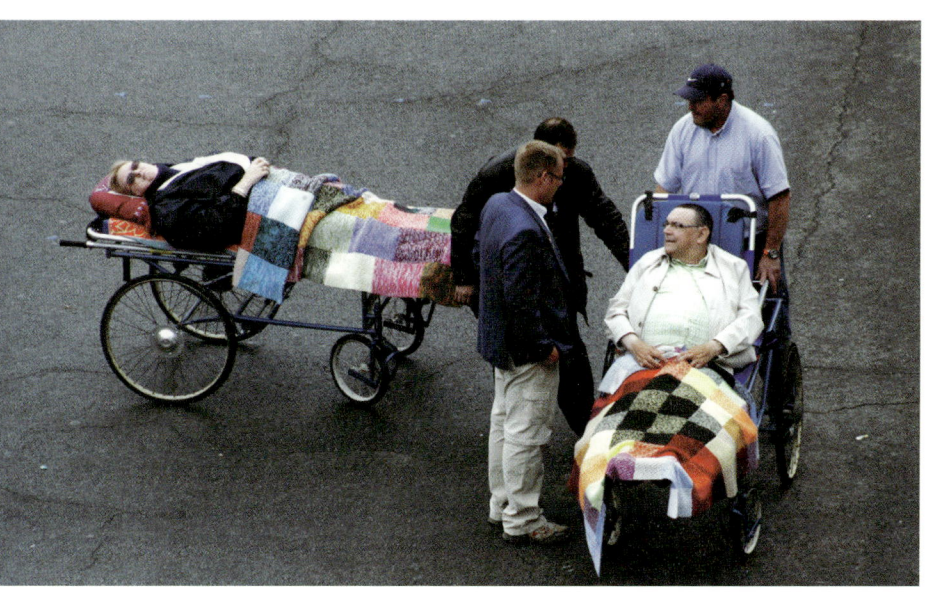

루르드에는 환자들이 많이 방문한다.

벨라뎃다가 땅을 파자 샘이 솟은 장소

을 입고 소지품을 챙기는 마지막 순간까지 자원 봉사자들이 함께했다. 연간 전 세계에서 온 10만 명의 자원 봉사자들이 이곳에서 숙식을 스스로 해결하며 순례자들을 맞이하고 있다니, 참으로 대단하다는 생각이 든다.

밖으로 나오니 세상이 조금은 달라 보이는 듯했다. 홀가분한 마음으로 기도하는 곳을 지나 성수를 받는 곳으로 갔다. 가지고 있는 물통을 꺼내 물을 담아 마셨다. 위쪽에는 한국어로 "샘에 가서 마시고 씻으라."는 말이 쓰여 있다. 그러고 보니 오늘이 마침 내 생일이다. 비록 기독교 신자는 아니지만 성수를 마시고 몸을 씻은 특별한 날이 되었으니 생애 가장 경건한 생일을 보내게 된 것에 감사했다.

성수를 담아 선물하기로 했다.

벨라뎃다와 성모 발현의 과정을 담은 스테인드글라스가 인상적인 무염사태 성당을 조용히 둘러보았다. 무염사태 성당은 성모님의 일곱 번째 발현 때 "사제에게 가서 모든 것을 말씀드리고 여기에 성당을 짓기를 내가 원한다고 전하라."는 말씀을 받들어 만든 곳으로 1871년에 지었다.

바로 밑에는 지하 성당이 있는데 무염사태 성당을 만들기 전인 1866년에 세운 가장 오래된 성당이다. 이곳에는 35세의 나이로 생을 마감한 벨라뎃다 수녀님의 시신이 모셔져 있다. 현재까지 부패되지 않고 돌아가셨을 때 모습 그대로다. 두 손을 가지런히 모아 기도하고 있는 모습이다. 그리고 이 두 성당 밑에는 광장에서 곧바로 들어갈 수 있는 로사리오 모후 성당이 있는데 1천5백 명의 사람들이 들어갈 수 있도록 꾸며 놓았다.

성모 발현의 공통점은 배운 사람보다는 배우지 못한 사람, 부자보다는 가난한 사람, 그리고 힘을 가진 사람보다는 그렇지 못한 약자에게 나타난다는 점이다. 그리고 많은 사람들의 마음을 움직여 단결된 큰 힘을 이끌어 낸다. 그렇기 때문에 더욱 깊은 감동을 주는 것은 아닐까.

돌아오는 기차 안에서 기념품 가게에서 사 온 조그만 유리병 세 개에 성수를 나눠 담는다. 가톨릭 신자인 친구들에게 줄 선물이다. 벌써부터 친구들의 기뻐하는 얼굴이 눈에 선하다.

순례자의 길이 시작되는 곳
생 쟁 피 드 포르 St. Jean Pied de Port

―

2006년이었다. 그때는 세계여행 중이었는데 7개월간 중남미 대륙에 머물다 유럽 땅에 도착했을 때였다. 스펙터클한 자연과 모험의 땅, 변수가 많은 중남미에 비하면 유럽은 '늙고 안정된' 지루한 곳이었다. 누군가 칼을 들고 내 뒤를 따라와 가진 것을 내놓으라며 위협할 걱정도 없고, 총을 들고 들어와 호스텔을 터는 복면을 쓴 강도도 없었다. 그저 사람들이 많은 장소에서 소매치기만 조심하면 되는 곳이니 중남미에 비하면 맥이 빠지는 느낌이었다.

안전했지만 웬일인지 중남미가 그리웠다. 다정하게 다가와 동양 여성이 아름답다는 찬사를 늘어놓으며 친절을 베풀던 사람들이 생각났다. 행복해 보이는 천진난만한 사람들의 얼굴과 그 어느 대륙에서도 볼 수 없었던 웅장한 자연도 그리웠다.

유럽에 도착하자 갑자기 긴장이 풀려버렸다. 한국을 떠난 후 정기적으로 찾아오는 슬럼프나 향수병도 엎친 데 덮친 격으로 나를 괴롭혔다. 나는 여행을 계속할 수 있을까. 지금의 여행은 도대체 어떤 의미가 있을까. 한국으로 돌아간 후의 삶은 어떻게 될까. 여러 가지 고민들이 머릿속에 소용돌이치듯 맴돌았고 답답한 마음을 풀어 줄 수 있는 외따로 떨어진 '공간'이 간절해졌다.

그때 갑자기 '순례자의 길'이 나타났다. 바로 내가 걸어야 할 길이라고, 그러니 어서 오라고 재촉했다. 혼자서 한 달 동안 누구의 방해도 받지 않고 걸을 수 있고, 하루 종일 걸어 몸을 혹사할 수 있다는 것도 마음에 들었다. 그렇게 한 달을 걷다 보면 잡다한 생각들이 사라지고 머리가 다시 맑아지겠지.

나는 생 쟁 피 드 포르에서 시작하는 '프랑스 길'을 선택했다. 수십 개나 되는 유럽의 순례자 길 중에서 프랑스 땅에서 출발하는 시작점 중 하나다. 목적지는 스페인의 서북쪽에 위치한 산티아고 데 콤포스텔라. 그곳은 야고보의 유해가 안장된 성당이 있는 기독교의 성지로 독실한 가톨릭 신자들에게는 꿈의 길이기도 하다.

단지 걷는다는 이유만으로 설레고 행복했다. 누군가는 800km는 서울~부산을 왕복하는 거리라며 걸어서 가기에는 무리라고 말렸다. 그때는 내가 걸을 수 있을지 없을지는 중요하지 않았다. 그저 아무 생각 없이 걷고 싶을 뿐이었으니까. 파리에 짐을 맡기고, 필요한 물품을 챙겨 그곳으로 떠났다. 서른세 살 나에게 주는 생일 선물이었다. 순례자의 길에서 몸을 혹사하며 머리가 하얘질 때까지 걷는 모습을 상상하니 나도 모르게 히죽 웃음이 났다.

아키텐 · 미드-피레네
-
Aquitaaine·Mid-Pyrenees

126

여기서부터는 스페인 땅이다.

새벽 안개가 가득 낀 길을 걷는다.

서른셋 나에게 주는 특별한 생일 선물

야간열차를 타고 출발해 다음 날 아침 생 쟁 기차역에 도착했다. 기차가 연착하는 바람에 늦기는 했지만 곧바로 순례자 사무실을 찾아 안내를 받았다. 그 날, 도착과 동시에 곧바로 걷기 시작한 것은 큰 잘못이었다. 고생을 좀 덜하겠다고 힘들지만 풍경이 좋은 길과 쉽지만 시간이 더 걸리는 길 중 쉬운 길을 택했다가 당일 도착할 수 있는 론세스바예스까지 1박 2일이나 걸렸기 때문이다.

분명히 표지를 따라 걸었는데 이상한 산을 올랐다가 마실 물이 떨어져 고생을 했고, 길을 잘못 들어 다시 돌아오기를 몇 번이나 반복했는지 모른다. 심지어 그날 저녁에는 비까지 내려 가장 혹독한 생일 파티를 치러야 했다. 자신 있게 나섰다가 첫날부터 좌절한 내 모습이 얼마나 초라해 보였는지 모른다. 차라리 내일 비가 많이 와서 걷지 못하게 되었으면 하고 하늘에 빌고 또 빌었다.

하지만 며칠이 지나니 금세 적응이 되었고, 한 달 동안 그 어느 때보다 평안하고 행복한 날들이 이어졌다. 순례자의 길에서 만난 다양한 사람들은 참으로 특별한 선물이었다.

가장 기억에 남는 순례자는 롤란드라는 오스트리아 사람이었다. 알베르게Albergue, 순례자들을 위한 숙소에서 종종 "왜 순례자의 길을 걷게 되었어?"하고 질문했는데, 롤란드의 대답은 특별했다.

"내 마음의 소리가 순례자의 길을 걸으라고 했어."

지난해에 이어 두 번째로 걷는 길이라고 했다. 1990년대 어느 날인가부터 더 이상 돈을 벌지 않고, 채식주의자가 되어 세계를 여행했다고 한다. 그

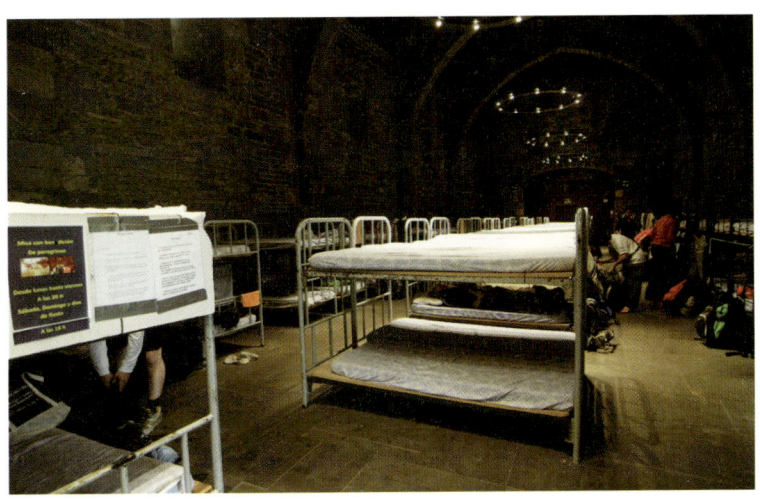

론세바예스의 성당 알베르게

끝도 없이 이어진 침대들

아키텐 · 미드-피레네
-
Aquitaaine·Mid-Pyrenees

달팽이처럼 느리게, 산티아고까지 걷는다.

이유가 궁금해 물으니 이번 대답은 더 특별했다.

"진실을 찾기 위해서 I want to know the truth."

어느새 우리들 주변에는 사람들이 하나둘씩 모여들었고, 질문 공세가 계속되었다. 롤란드는 항상 대답하기에 앞서 "내 이야기는 왜곡되지 않은 진실이야. 하지만 내가 진실을 알려 준다 해도 정말 믿을 수 있겠니?"하고 물었다. 나는 질문하는 대신 다른 사람들의 질문과 롤란드의 대답을 들었다. 흥미로운 시간이었다.

그날 이후 며칠 동안 롤란드와 함께 걸었다. 축지법을 배운 것처럼 하루에 50~60km를 걸을 수 있는 친구였지만 평균 25~30km를 걷는 내 속도에 맞춰 주었다. 지루하다 못해 졸렸을 텐데도 내색하지 않고 항상 여유 있는 미소를 보였다.

"아니따Anita, 필자의 스페인어 이름, 30년을 사는 동안 나보다 많이 여행한 사람은 네가 처음이야. 넌 정말 특별해."

"나도 지금까지 여행하는 동안 만났던 외국 사람들 중에서 네가 제일 특이해."

롤란드는 깨달음을 얻기 위해 인도의 한 유명한 구루(스승) 밑에서 몇 년간 수행했는데, 결국 깨달음을 얻지 못하고 고향인 오스트리아의 잘츠부르크로 돌아왔단다. 우연히 사람들의 오라Aura, 사람이나 물체에서 발산하는 영기 · 靈氣를 볼 수 있는 한 여성을 만나 이야기를 나누게 되었는데, 그 순간 깨달음을 얻었고, 이번 여행이 끝나면 고향 근처에 정착할 계획이라고 했다. 10년이 넘게 진실을 찾아 헤맸는데, 결국 깨달음을 얻은 곳은 자기 나라 오스트리아였다며 피식 웃는다.

파울로 코엘료가 순례자의 길을 걸은 후 쓴 소설 『연금술사』를 보면 주인공인 산티아고는 보물을 찾아 여행을 떠난다. 여러 험난한 과정을 거쳐 보물이 묻혀 있다는 피라미드까지 가지만, 죽을 고비를 넘기고 절망에 빠져 고향에 돌아오게 된다. 하지만 보물은 뜻밖에도 산티아고가 양치기였을 때 양들과 함께 자곤 하던 교회의 무화과나무 아래에 묻혀 있었다는 이야기가 떠올랐다.

"당신은 모든 걸 알고 있었잖아요? 내가 이 교회까지 올 수 있도록 금 조각까지 미리 맡겨 놓고 말이에요. 미리 알려 줄 수도 있지 않았나요?"

왕은 말했다. "만일 내가 미리 일러 주었더라면, 그대는 정녕 피라미드를 보지 못했으리니. 어땠나? 아름답지 않던가?"(『연금술사』 중에서)

롤란드의 여행도 그러했지만, 내 여행도 연금술사의 이야기처럼 신비했다. 여행은 긴 것 같았지만 동시에 짧았고 만나는 사람들은 하나같이 모두 특별했다. 종종 사람으로 가장한 천사를 만나기도 했고, 화두를 던져 주고 사라지는 신을 만나기도 했다. 목적지인 산티아고까지 거리를 나타내는 표지의 숫자가 세 자리에서 두 자리가 되고, 다시 한 자리가 될 즈음에는 세상으로 돌아가는 게 두려울 정도였다. 나뿐만 아니라 누구나 그랬다. 내가 이 길에서 느낀 것들은 평생 잊지 못할 것이다.

마지막 날, 나는 일기장에 이런 글을 남겼다.

연금술사가 물었다.
"네가 알아야 할 것들은 모두 여행에서 배우지 않았느냐."

나는 대답한다.
"네, 저는 세상을 여행하고 있습니다.

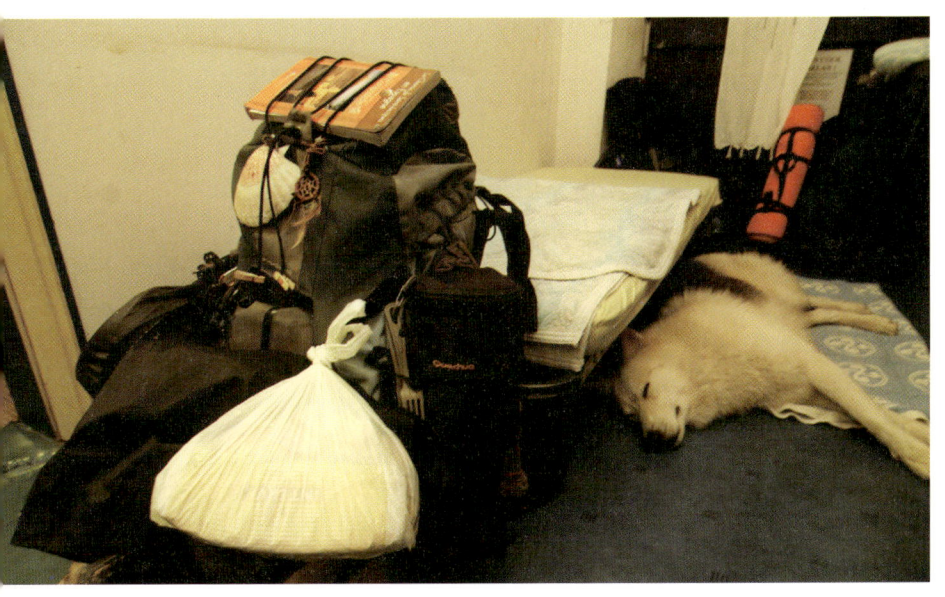

스페인에서 개를 함께 받아주지 않아 순례자의 길을 포기했던 프랑스인도 있었다.

머물렀던 순례자 숙소

많은 것을 보았고, 많은 것을 느꼈고,
그 많은 것들이 제 가슴속에 살아 열정적으로 꿈틀거리고 있습니다.

하지만 저는 아직도 여전히 어리석고,
가끔은 교만하며, 또 자만심에 빠져 일을 그르치기도 하고,
온갖 속임수에 속아 넘어갑니다.

그런 제가,
여행을 통해
정말 깨달음을 얻을 수 있겠습니까?"

TIP   카미노 데 산티아고, 순례자의 길

카미노 데 산티아고(Camino de Santiago)는 스페인어로 '산티아고(야고보의 스페인어)의 길'이라는 뜻으로, 예수님의 열두 제자 중 한 명이자 첫 순교자인 야고보를 기리며 순례자들이 걷는 길을 말한다. 이 길은 유럽 전역에서 스페인의 서북쪽 끝인 산티아고까지 이어지는데, 그곳에는 야고보의 무덤이 안치된 산티아고 대성당이 있다. 산티아고 대성당은 1078년부터 짓기 시작해 1124년에 완공되었다.

산티아고는 9세기 초 야고보의 무덤이 발견된 후 예루살렘, 로마와 더불어 기독교 3대 성지로 떠오르면서 순례자들이 몰려들기 시작했다. 사람들은 산티아고 데 콤포스텔라(Santiago de Compostella · 별이 있는 들판의 산티아고)까지 이어지는 '순례자의 길'을 걸었다. 12~13세기에 절정에 이르렀다가 그 후 순례자 수가 감소하며 쇠퇴했다.

그러다가 1960년대 프랑스 신부가 순례자의 길을 복원했고, 1982년 교황의 방문을 계기로 사람들의 관심을 받기 시작했다. 1987년에는 유럽연합(EU)이 유럽 문화 길로 지정했으며 1993년에는 유네스코 세계문화유산으로 등재되었다. 파울로 코엘료가 1986년 이 길을 걸은 후 쓴 소설 「순례자」와 「연금술사」를 통해 전 세계인들에게 널리 알려졌다.

과거에는 종교적인 이유로 걸었지만, 현재는 스페인의 문화와 자연을 즐기거나 운동 삼아 걷는 사람도 많다. 지난해 약 22만여 명이 이 길을 걸었고, 한국인은 이 중 2774명(2013년)으로 스페인, 이탈리아, 포르투갈, 프랑스, 독일, 미국, 폴란드, 영국에 이어 9번째로 많은 규모다. 성 야고보의 축일인 7월 25일을 전후하여 성대한 축제가 열리기 때문에 주로 6월에 순례자들이 몰린다.

에메랄드빛 바다의 축복

4
꼬뜨 다쥐르
—

쪽빛 바다가 매력적인 꼬뜨 다쥐르는
프랑스의 툴롱에서 동쪽 이탈리아 국경까지 약 115km에
이르는 아름다운 해안이다. 1년 중 300일 이상 해가 비치고
겨울에도 온화해 오래전부터 유럽인들의 휴양지로 사랑을
받아 왔다. 아름다운 물빛을 자랑하는 니스를 중심으로
주변에는 예술가들의 이야기가 담겨 있는
작은 마을들이 흩어져 있다.

# 아름다운 물빛의 휴양 도시
니스 Nice

스무 살, 불운의 연속이었던 첫 여행

니스 역은 언제나 분주하다. 작은 역은 관광객들로 넘쳐나고 표를 끊기 위해서는 오랜 인내를 감수해야 한다. 혼잡과 기다림 속에 넋을 놓은 여행자들을 노리는 소매치기들도 서성인다. 나는 니스 역에만 오면 그때의 추억이 새록새록 되살아난다. 대학교 2학년 때 떠난 나의 첫 배낭여행 말이다.

   1994년, 그러니까 해외여행 자유화가 시작된 지 얼마 되지 않았을 무렵이다. 나는 낯선 유럽 땅을 향해, 중학생 때부터 그토록 꿈꾸던 배낭여행을, 가족과 친구들의 반대를 무릅쓰고 혼자서 비행기에 올랐다.

   하지만 설렘도 잠시, 온실 안에서 안전하게 자라온 내 앞에 혹독한 세상이 기다리고 있었다. 니스에 도착하기 전, 독일의 어느 기차역에서였다. 다음 여행지로 가는 기차를 기다리고 있는데 키가 큰 독일 남자 한 명이 불쌍한 표정으로 다가와 말을 걸었다. 기차역에서 소매치기를 당했다고, 그래서 현금도 카드도 없으니 차비를 좀 빌려 달라고. 그러면서 빌린 돈은 내가 여행하다가 쾰른에 있는 자기 집에 들르면 그때 돌려주겠단다.

아무리 부탁할 곳이 없어도 어린 여자 동양 여행자에게 돈을 빌려 달라니……. 요즘 아이들을 대상으로 한 캠페인에 많이 나옴직한 장면이다. 어린 아이가 걸어가고 있는데 낯선 성인이 다가와 짐을 들어 달라는 등의 부탁을 할 때 아이들은 어떻게 해야 할까? 캠페인에서는 도움을 요청하는 불쌍한 어른을 도와줘야 한다고 가르치지 않는다. 그때의 정답은 "저는 아이라 도와줄 수 없어요. 어른을 불러드릴게요."다. 물론 나는 생물학적으로 성인이기는 했지만 머릿속은 캠페인에 나오는 어린 아이나 다름이 없었다. 캠페인에서 낯선 남자를 도와줬던 어린 아이는 결국 납치됐다. 우리네 세상이 이렇다. 착한 마음으로 도와줬다가는 곤경에 빠지기도 한다. 나도 그랬다. 지금의 나였다면 그냥 도와주는 셈 치고 내가 줄 수 있는 돈을 얼마쯤 주고 돌아섰을 거다. 그러나 그때는 그러지 못했다. 어려움에 빠진 게 안쓰러워 '도와줘야겠다' 생각했다. 그리고 '돌려받을 수 있다' 생각했다. 그래서 1년 동안 아르바이트를 해서 어렵사리 모은 여비의 반을 뚝 잘라 내주었다 (왜 그랬을까!). 허리춤에 숨겨 둔 복대에서 여행자 수표를 꺼내 독일 마르크(당시는 통화의 종류를 유로로 통합하기 전이어서 독일에서는 마르크가 통용되었다)로 환전까지 해서 말이다. 왜! 왜 그랬을까!

기차를 탄 후에야 뒤늦게 걱정이 밀려왔다. 그 돈이 없으면 앞으로 한 달 동안 여행을 계속할 수가 없는데……. 생각해 보니 대단히 큰돈이었다. 그래도 남자의 주소를 받아 두었으니 괜찮아, 하며 걱정을 꾹 눌러 보았지만 마음은 이미 평정심을 잃은 상태였다.

'여행 루트는 좀 변경해야겠어. 집에 간다고 했으니 내게 빌린 돈을 달라고 해야지.'

나는 서둘러 쾰른 행 기차에 몸을 맡겼다. 기차 안에서 만난 한국 언니 오빠들은 사기를 당한 게 분명하다고 했다. 설마, 그럴 리가……. 믿고 싶지 않은 이야기는 점점 현실처럼 다가왔다. 그리고 쾰른의 주소지를 찾았을 때 나는 하늘이 무너져 내리는 경험을 했다. 주소에 적힌 곳은 교도소를 다녀 온 사람들이 잠시 머무는 보호소 같은 곳이었다.

여행 경비의 반을 내주다니……. 정말 한심하고 바보 같았다. 누가 들으면 바보라고 놀릴까 싶어 한국에 돌아와서도 친구들에게 얘기하지도 못했다. 설렘에 부풀었던 여행은 자괴감으로 가득 찼다. 다행이었던 건 사기라고 걱정해주던 언니 오빠들이 함께 여행을 하면 경비를 줄일 수 있으니 같이 다니자고 제안한 것이었다. 그렇게 함께 며칠간 여행을 하다 도착한 곳이 니스였다. 조금씩 쾰른 사건이 기억 속에서 가물거릴 무렵이었다. 오랜만에 바다를 본다는 설렘에 반바지로 갈아입고 땀에 찬 복대를 잠시 벗어 작은 배낭에 넣었다. 왜 그랬을까! 복대에는 여권과 유레일패스, 항공권, 남은 여행 경비가 들어 있었다.

니스 역

아름다운 물빛을 자랑하는 니스의 바다

꼬뜨 다쥐르
-
Côte d'Azur

142

자갈로 이루어진 해변

울고 싶은
마음에 들어간 노트르담

언니와 오빠는 숙소를 구하러 떠났고, 나는 바다를 얼른 보고 온다고 했고, 니스 기차역 앞에서 막내 오빠가 우리 모두의 짐을 지키기로 했다. 그리고 한달음에 해변으로 달려갔다. 아름다운 바다를 가슴에 품고 다시 기차역으로 돌아오자 눈은 자연스레 내 배낭을 찾았다. 그런데 없다. 짐을 지키던 오빠가 배낭이 어디로 갔는지 잘 모르겠다고 말하자 다리에 힘이 쫙 풀렸다. 그렇다. 누군가 훔쳐간 것이었다.

도둑놈도 미웠지만, 내 짐을 지켜 주겠다고 약속한 오빠가 원망스러웠다. 사실 가장 큰 잘못은 나다. 내 중요한 짐을 다른 사람에게 맡긴 내 잘못이다. 사기를 당한 것도 모자라 이번에는 소매치기라니. 정말 이렇게 당할 수도 있나 싶었다. 빈틈은 모두 내가 제공했으니 누구를 탓하랴.

그렇게 니스 사건으로 모든 것을 잃었다. 여권, 유레일패스, 항공권, 여행 경비, 카메라, 선글라스와 안경, 심지어 일기장까지. 여행에서 가장 중요한 것들만 골라서 말이다. 다행히 여행자 수표를 가져간 것이 유일한 행운이었다. 앞날이 캄캄했다. 더 이상 여행을 지속하는 것은 불가능해보였다. 순간 눈앞에 성당이 보였다. 그곳에서 엉엉 눈물을 쏟아 내고 싶었다. 그러고 나면 속이라도 조금 시원해지겠지. 성당 안으로 들어가 고개를 숙이고 앉았다.

'중학교 때부터 꿈꿔 온 배낭여행인데, 그동안 열심히 아르바이트해서 힘들게 온 첫 여행인데, 왜 이렇게 무참히 망쳐 버리시나요. 제가 무엇을 잘못했나요? 머나먼 이곳에는 아는 사람도 없어요. 한 번도 아니고 두 번이라니 이건 정말 너무하잖아요. 어떻게 온 여행인데 집으로 다시 돌아갈 수는 없어요. 너무 억울해요.'

성당 의자에 앉아 있는데 눈물은커녕, 이내 오기가 단단히 들었다. 살아야 한다. 나는 계속 여행을 할 것이다. 지금 이곳에서 의지할 사람은 나밖에 없다.

차근차근 대안을 생각해 봤다. 일단, 경찰서로 가서 가방 도난 신고를 하고 여행자 수표를 재발급을 받아 현금을 확보해야 한다. 여권이 없으면 다른 나라로 갈 수 없으니 파리에 있는 한국 대사관에서 여권을 만들러 가야 한다. 그런 다음 항공권을 재발급한다. 한국의 가족에게 유레일패스와 여행 경비를 보내 달라고 요청하면 다시 여행을 시작할 수 있다.

결심이 서자 나는 강해졌다. 다시 발급받은 여행자 수표를 환전해 파리로 가는 기차표를 끊었고, 우여곡절 많았던 니스를 떠났다.

니스 근교의 작은 마을을 찾아

니스는 아름다운 해변에서 수영과 선탠을 즐기며 한가로이 휴식을 만끽할 수 있는 휴양 도시다. 게다가 번화한 쇼핑가, 아기자기한 구시가지의 식당과 카페, 시장, 그리고 수준 높은 미술관까지 두루 갖추었으니 그야말로 완벽한 휴양지라 할 수 있다. 여기에 니스에서 좀 더 오래 머물러야 하는 이유가 한 가지 더 있다. 바로 니스 근교에 곳곳에 숨겨진 보석들, 흥미로운 이야기들이 넘치는 작은 마을이다.

한 번은 니스 주변의 작은 마을들을 다 돌아볼 요량으로 니스에 장기간 머물기로 결심했다. 다행히 니스는 장기 투숙객을 위한 시스템을 잘 갖추고 있었다. 배낭여행자들의 주머니 사정을 고려해 주방이 딸린 호텔이나 호스텔도 있고(주방이 있으면 일단 식비를 절약할 수 있다) 숙소 비용도 다른 주변 도시에 비해 비싼 편이 아니다. 며칠 동안 머물면서 깐느와 모나코, 니스 주변의 아름다운 마을까지 둘러보는 일정이라면 이보다 훌륭한 거점 도시가 없다. 또한 다양한 타입의 숙소가 있어 선택의 폭이 넓은 것도 빼놓을 수 없는 매력 포인트! 참고로 둘 이상의 여행자라면 호텔에, 개별여행자라면 호텔에서 운영하는 도미토리Dormitory, 공동 침실에 묵는 것을 추천한다.

호텔에 짐을 내려놓고 해변으로 산책을 나섰다. 지중해의 따가운 햇살 아래 에메랄드빛에서 코발트블루까지 색을 뽐내는 눈부신 바다가 펼쳐졌다. 짭짜름한 바다 냄새가 심장 깊숙한 곳까지 파고드는 걸 느끼며 산책로를 걸었다. 돌과 모래로 이루어진 해변 위에서 선탠을 즐기는 사람들은 시간이 멈춘 듯 한가로움을 만끽한다.

해변 옆으로는 프롬나드 데 장글레Promenade des Anglais, 영국인의 산책로가 길게 이어진다. 천천히 산책하거나 조깅하는 사람, 인라인스케이트나 자

꼬뜨 다쥐르
-
Côte d'Azur

한가로이 선탠을 즐기는 사람들

흐린 날이면 바다색을 좀 더 선명하게 관찰할 수 있다.

니스의 남자

꼬뜨 다쥐르
-
Côte d'Azur

전거를 타는 사람들이 많다. 햇살이 좋을 때면 선글라스를 낀 사람들이 해변에 줄지어 앉아 해(海)바라기를 하고 있다. 태양을 바라보고 있는 들판의 해바라기처럼……. 니스에서 내가 가장 사랑하는 풍경이다.

사실 니스는 오래전부터 유럽인들에게 만병통치약과도 같은 존재였다. 감기에 걸려도 니스, 다리가 아파도 니스를 찾아올 정도. 이유는 간단하다.

TIP **니스의 아름다운 미술관**
품격 있는 예술을 감상하고 싶다면 미술관 여행을 떠나 보자.

마르끄 샤갈 성서미술관 Musée National Message Biblique Marc Chagall
샤갈의 작품 중에서 '종교'를 테마로 구성한 작품만을 모아 전시하는 특별한 미술관. 17개의 대형 종교화와 조각, 스테인드글라스, 모자이크, 스케치 등을 볼 수 있다.

마티스 미술관 Musée Matisse
올리브나무 사이에 자리 잡고 있는 아름다운 미술관으로 마티스의 회화와 조각 등의 작품을 볼 수 있다.

니스 근현대 미술관 Musée d'Art Moderne et d'Art Contemporain
니스 시내에 있는 미술관으로 1960년대부터 오늘날까지 유럽과 미국에서 탄생한 아방가르드 예술 작품들을 전시하고 있다. 이브 클라인(Yves Klein)과 니키(Niki)의 작품에 주목하자.

유럽 내륙은 가을부터 이듬해 봄까지 비가 내리는 흐린 날씨다. 게다가 겨울이 되면 습기를 머금은 찬 기운 때문에 뼈마디가 아파 오기 일쑤. 사정이 이렇다 보니 1년 중 300일 동안 태양이 내리쬐는 니스를 그리워할밖에.

바닷가 한쪽에는 구시가지Vieux Nice가 자리 잡고 있다. 신시가지의 화려함과는 대조를 이루는 소박한 풍경이다. 아기자기한 작은 골목에 시장, 기념품점, 식당, 카페 등이 모여 있는데 복잡하고 좁다란 골목을 헤매며 즐겨 보는 것도 좋다.

이 골목에는 우연히 발견한 맛있는 카페가 있다. 워낙 작은 가게가 다닥다닥 붙어 있어 하마터면 지나칠 뻔 했는데 고소하고 진한 커피향이 내 발걸음을 붙들었다. 이름은 카페 인디언Cafes Indien. 이곳의 시원한 카페 프라페와 에스프레소는 내 단골 메뉴다.

먹는 이야기를 하자면 니스에서만 맛볼 수 있는 소까를 빼놓을 수 없다. 콩가루로 반죽한 크레페 위에 시럽이나 슈거 파우더를 뿌려 먹는데 맛보다는 한 번쯤은 먹어볼 만한 메뉴다. 단, 콩가루 때문에 목이 멜 수도 있으니 음료수를 곁들여 먹자. 디저트로는 페노치오Fenocchio 아이스크림 가게를 추천한다. 100여 가지 아이스크림과 소르베Sorbet(셔벗)를 맛볼 수 있는 곳이다. 종류가 정말 많아서 뭘 골라야 할지 행복한 고민에 빠지게 된다.

고심 끝에 아이스크림을 선택했다면 달콤함을 맛보며 올라가 볼 곳이 있다. 니스에서 최고의 전망을 자랑하는 꼴린 성 공원Parc de la Colline de Château이다. 과거에 왕이 살던 성으로 구시가지의 가장 높은 곳에 위치하고 있어 니스 해변과 근교가 한눈에 펼쳐진다.

지중해의 낭만으로 물든 아름다운 마을
에즈 Èze

―

니스에서 모나코로 가려면 기차와 버스를 이용하는 두 가지 방법이 있다. 하나. 기차를 이용한다. 당연히 버스보다 빠르다. 하지만 터널을 수차례 통과하기 때문에 아름다운 지중해 해안을 제대로 즐길 수 없다. 둘. 버스를 이용한다. 기차보다 훨씬 느리다. 소요 시간이 두 배나 된다. 하지만 아름다운 꼬뜨 다쥐르의 하이라이트를 볼 수 있다. 대부분의 여행자들은 당연히 버스를 이용한다. 속도보다는 풍경에 한 표다. 게다가 버스 요금도 단돈 1.5유로니 배낭여행자들에게는 만족스러운 코스가 된다.

이 길을 가다 보면 보석처럼 빛나는 즐거움을 만나게 된다. 바로 에즈라는 요새 마을이다. 지중해에서 429m 높이의 절벽 위에 세운 에즈는 니스와 모나코의 중간쯤에 위치해 있다. 두 도시를 함께 돌아보고 싶다면 6유로짜리 버스 1일 권을 고려해보는 것도 좋다. 아침 일찍 에즈 행 버스를 타고 와 에즈에서 2시간쯤 돌아 본 후에(그 정도로 작은 마을이다) 다시 버스를 타고 모나코로 가는 일정을 택하면 된다. 그러면 그날 하루를 알차게 보낼 수 있다.

마을은 가파른 절벽 위에 성곽으로 둘러싸여 있는데 '독수리 둥지'라 불리는 천연 요새다. 이 지역은 사르디니아 왕국에 속했다가 1871년 프랑스에

귀속되었다. 오밀조밀한 골목에 핸드메이드 작품들과 아티스트의 갤러리가 있어 산책하는 재미가 쏠쏠하다. 놓치지 말아야 할 명소는 높은 절벽 위에 있는 공중정원! 마치 공중에 떠 있는 듯 신비롭다. 이곳에는 아름다운 여인의 조각상과 에로틱한 시가 있으며, 지중해의 따뜻한 햇살과 보드라운 바닷바람을 마음껏 즐길 수 있다. 지중해의 풍경도 가히 최고라 할 수 있다.

> Follow me young man(내게로 와요, 젊은 남자여)
> and you shall know(그러면 당신은 알게 될 거예요)
> all my secrets…… almost(내 모든 비밀을…… 아니 대부분을)

천천히 시를 읽으며 정원을 돌아본다. 나이 지긋한 노부부가 서로 손을 꼭 잡고 다정하게 산책을 하고 있다. 아름다운 풍경에 에로틱한 시, 그리고 오랜 세월을 함께한 연인이라니……. 하나의 꽉 찬 이야기를 보는 듯하다.

지중해의 뜨거운 햇살이 눈부셔 선글라스를 꺼낸다. 다음 버스가 올 때까지는 아직 시간이 남아 있다. 벤치에 누워 빛나는 바다를 바라보니 절로 입가에 미소가 머문다. 천국이 이런 느낌일까. 행복하다.

꼬뜨 다쥐르
-
Côte d'Azur

에즈의 골목길

아름다운 에즈의 정원

꼬뜨 다쥐르
-
Côte d'Azur

세기의 결혼식과 몬테카를로 카지노

모나코 Monaco

―

모나코는 흥미롭게도 여행자의 성별에 따라 도시에 대한 기대가 엇갈린다. 먼저 여성이라면 모나코 전 국왕인 레니에 3세와 아름다운 영화배우 그레이스 켈리의 낭만적인 세기의 결혼식을 떠올린다. 반면에 남자라면 몬테카를로 카지노를 방문해 그 앞에 세워진 고가의 차종을 둘러보고, 기회가 된다면 카지노에서 큰돈을 벌기를 꿈꾼다. 여행 시기가 남성미 넘치는 F1(모나코 포뮬라1 그랑프리 Monaco Formula 1 Grand Prix) 경기 일정과 겹치게 되면 초절정의 흥분 상태에 접어들기도 한다.

모나코는 이처럼 성별에 따른 기대도 흥미롭지만, 그 자체로도 특별한 나라다. 모나코의 특별함은 어디에서 찾을 수 있을까? 먼저 유럽의 독립 국가 중에서 바티칸에 이어 둘째로 작은 나라다. 면적은 겨우 1.95㎢. 작다는 특별함은 우표 판매의 원동력이 되었고, 이곳을 찾는 여행자들은 가족이나 연인에게 엽서를 보내며 행복한 추억을 만든다.

또한 국민들에게 세금을 걷지 않는다. 필요한 국가 수익은 카지노와 F1을 통해 외부 관광객들에게서 얻는다는 점도 특이하다. 국민들은 프랑스인이 50%로 가장 많고, 이탈리아인과 모나코인이 각각 16%로 구성되어 있다. 거리가 가까워 프랑스에서 모나코로 출근하는 사람이 많은 점도 이색적이다.

프랑스와의 관계 또한 흥미롭다. 모나코는 1297년 프랑소와 그리말디가 수도승으로 변장해 모나코 빌을 탈환한 후 현재까지 그리말디 왕조를 이어가고 있다. 1701년부터 군 보유를 포기하고 프랑스에 위임하고 있으며 전기와 통신, 수도도 프랑스가 공급하고 있다. 공항도 니스 공항을 이용할 정도로 프랑스에 의존하고 있다. 국무장관은 프랑스의 추천을 받은 사람 중에서 선출해야 하고, 왕위를 계승할 사람이 없으면 프랑스에 귀속되는 구조로 되어 있다.

꼬뜨 다쥐르
-
Côte d'Azur

모나코에서 발행하는 우표를 붙여 친구와 가족에게
엽서를 썼다.

F1경기 시즌이면 거리는 축제 분위기가 된다.

계단이 많은 모나코. 곳곳에 공용 엘리베이터가 설치되어 있다.

세계를 뒤흔든 낭만적인 러브스토리

모나코 하면 가장 먼저 떠오르는 것은 바로 세기의 러브스토리가 아닐까. 미국의 영화배우 그레이스 켈리와 모나코의 왕 레니에 3세의 낭만적인 스토리는 오랜 세월이 지난 지금까지 많은 이들의 기억 속에 남아 있다.

그레이스 켈리Grace Patricia Kelly, 1929~1982년는 아카데미상을 수상한 미국의 유명한 영화배우다. 미국 펜실베이니아 주 필라델피아에서 아이리쉬계 아버지와 독일계 엄마 사이의 명문가에서 태어났다. 하지만 그리 행복한 가정생활을 누리지는 못했다. 10세 때 아동 극단에서 시작해 모델로 활동하다 1951년인 22세 때 헨리 헤서웨이 감독의 〈14시간〉으로 영화계에 데뷔한다. 그리고 할리우드에 발을 들여놓은 지 단 5년 만에 아카데미 여우주연상을 수상하면서 미국 국민들의 사랑을 한 몸에 받게 된다.

당시 인기 있는 여배우로는 섹시함과 백치미의 대명사인 마릴린 먼로와 지적인 아름다움을 지닌 그레이스 켈리가 양대 산맥을 이루고 있었다. 연애는 섹시한 마릴린 먼로와 뜨겁게, 결혼은 지적인 그레이스 켈리와 우아하게! 이런 이야기가 미국 남성들 사이에 회자되기도 했을 정도다.

한편 모나코의 레니에 3세Rainier III de Monaco, 1923~2005년의 이야기는 이렇다. 당시 모나코의 재정 상태는 극히 좋지 않아 프랑스에 합병될 위기에 놓여 있었다. 레니에 3세는 국가적 위기를 극복하기 위해 고민하고 있었는데, 이때 그리스의 선박왕 오나시스가 좋은 아이디어를 냈다. 모나코를 위해 미국의 유명한 여배우와 결혼할 것을 권유한 것이다. 내면은 이렇다. 미국의 유명한 여배우와 결혼해 세계적인 이목을 끌고, 거대한 미국 대륙의 관광객을 유치해 모나코의 경제·정치적 위기를 모면하는 것! 사실 그레이스 켈리에게도 그리 나쁜 조건은 아니었다. 한 국가의 여왕이 된다는 것은 모든 여

그레이스 켈리와 레니에 3세

성들이 가슴 설레는 꿈이었기에.

먼저 오나시스가 두 사람의 의사를 타진한 후 세계의 모든 여성들이 선망할 만한 러브스토리 대본을 만들었다. 1954년 그레이스 켈리는 잡지에 실릴 사진을 찍는다는 이유로 모나코를 방문한다. 사진을 찍는 장소도 모나코 궁전의 정원이었다. 레니에 3세는 이 여배우를 극진히 맞이했으며 다음 해 깐느 영화제에서 두 번째 인연을 맺는다. 그해 12월, 레니에 3세는 미국을 방문해 그레이스 켈리에게 청혼하며 12캐럿짜리 다이아몬드 반지를 건넨다.

그레이스 켈리는 마치 영화처럼, 당시 촬영 중이던 영화 〈상류 사회〉에서 그 다이아 반지를 끼고 나와 청혼에 응답한다. 그리고 1956년 4월 18일, 자신의 영화 인생을 모두 정리하고, 레니에 3세와 결혼에 골인하게 된다.

미국에서는 이들의 결혼식을 취재하기 위해 400여 명의 취재진이 모나코로 향했다. 결혼식 날에는 600명의 하객들과 2,000명의 취재진이 몰려 모나코 내의 모든 숙소가 만원이었다. 결혼식은 대공 궁전과 성당에서 열렸는데 이들의 결혼식을 보기 위해 모나코에 몰려든 사람들만 2만 명이 넘었다. 이 세기의 결혼식을 전 세계에서 3천만 명이 텔레비전으로 시청했다. 결혼식이 끝난 부부는 7주간 지중해 크루즈 신혼여행을 떠났다. 오나시스의 배를 타고서 말이다.

화려한 결혼식 이후, 모나코 왕자와 미국 영화계의 공주는 행복하게 잘 살았을까? 그레이스 켈리는 1957년 1월에 캐롤라인 공주 Caroline Louise Marguerite를 낳고, 그 다음해에 알베르 왕자 Albert II를, 그리고 1965년에는 스테파니 공주 Stéphanie Marie Elisabeth를 낳는다. 후계자가 없어 프랑스로 주권이 넘어갈 일은 일단 없어진 셈이다.

또한 그레이스 켈리와 레니에 3세의 결혼은 예상을 뛰어넘는 엄청난 시너지 효과를 낳았다. 결혼식 자체만으로도 모나코를 세계에 알리는 계기가 되었으며, 관광객이 급증해 모나코의 재정 상태가 좋아진 것. 덕분에 경제적인 문제로 인해 프랑스와 합병될 위기에서 벗어날 수 있었다.

그레이스 켈리의 얼굴을 담은 우표는 미국인들에게 집중적으로 판매되었다. 왕비가 된 전 여배우를 만날 수 있는 방법은 이제 스크린이 아닌 우표밖에 없었으니 말이다.

반면 그레이스 켈리는 왕실의 분위기에 적응하지 못해 우울증에 시달려야 했고, 레니에 3세와의 결혼 생활은 종종 불화설에 휩싸였다. 그리고 왕비가 된 후 영화에 한 번도 출연하지 않았다. 1962년 히치콕 감독의 〈마니〉라는 작품으로 돌아오려 했으나 모나코 국민들의 반대로 무산되었다. 모나코의 국민들은 왕비가 '도둑' 역할을 맡는 것과 남자 주인공인 숀 코네리와 사랑에 빠지는 것을 원하지 않았다.

자녀들이 성장하자 이번에는 곳곳에서 다양한 스캔들이 터졌다. 파파라치들이 만들어 내는 왕가의 스캔들은 왕비를 깊은 고민에 빠뜨렸다. 그러다 1982년 9월 13일, 스테파니 공주와 함께 서커스를 구경하고 집으로 돌아오다가 자동차 추락 사고로 세상을 떠났다. 당시 나이는 52세였다. 연기자의 삶을 뒤로한 채 자신이 선택한 삶에 대해 온전히 책임지려 한 여인. 그레이스 켈리는 한 국가의 여왕으로 일생 동안 국민들에게 부끄럽지 않은 삶을 살았다.

"나는 사람들에게 부끄럽지 않은 인간으로 기억되기를 바랍니다. 그러나 내가 사랑한 사람에게는 그저 아름다운 한 여자로 기억되고 싶습니다."
「그레이스 켈리의 어록」 중

꼬뜨 다쥐르
-
Côte d'Azur

세기의 결혼식이 열렸던 모나코 성당

구시가지에서 바라본 모나코 빌, 높은 절벽으로 둘러싸인 천연의 요새다.

세기의 결혼식이 열린 모나코 빌

세기의 결혼식이 열린 대공 궁전 Le Palais Princier과 모나코 성당은 모나코 빌에 있다. 모나코 빌은 높은 절벽으로 둘러싸여 있는 천연 요새로, 한눈에 보아도 예로부터 왕가가 터를 잡을 형세다. 고대 전설에 따르면 헤라클레스가 지나간 자리에 모나코가 만들어졌는데, 고대에는 이곳에 헤라클레스의 신전이 있었다고 한다.

모나코 빌 곳곳에는 그레이스 켈리와 레니에 3세의 다정한 모습이 담긴 기념 패널이 세워져 있다. 기념품 가게에는 그레이스 켈리와 관련한 엽서, 향수, 볼펜, 동상 등 다양한 아이템이 가득하다. 해양 박물관 지하에는 모나코의 역사, 레니에 3세와 그레이스 켈리의 러브스토리를 담은 〈몬테 까를로 이야기 Monaco le Film〉를 유료로 상영하고 있다.

모나코 성당 Cathédrale de Monaco 안에는 이들 부부의 묘가 나란히 붙어 있다. 많은 꽃들이 놓여 있어 쉽게 찾을 수 있다. 단, 사진 촬영은 금지하고 있으니 주의하자.

모나코에 간다고 하니 부러워한 친구가 생각나 엽서 한 장을 샀다. 카페에 앉아 커피를 마시면서 "네가 그토록 오고 싶어 한 모나코에 왔어. 날씨도 좋고 아름답긴 하지만, 꽃미남 안드레아 왕자는 그림자조차 볼 수 없구나. 왕족들은 다들 집에만 있거나 아니면 프랑스나 이탈리아로 쇼핑을 간 것 같아."하고 짧은 글을 남겼다.

엽서에 붙일 우표를 사려고 우체국을 찾았다. 그런데 예쁜 우표들이 어찌나 많은지……. 한 장만 사려다 다섯 장이나 사 버렸다. 이런!

꼬뜨 다쥐르
-
Côte d'Azur

164

그레이스 켈리의 장미 공원

그레이스 켈리의 삶을 떠올리자 가슴이 애잔해졌다. 모나코에서 그레이스 켈리와 관련 있는 장소를 찾다 우연히 지도에서 그레이스 왕비 장미 공원 Parc paysager de Fontvieille et la Roseraie Princesse Grace을 발견했다. 모나코 빌 옆에 있는 퐁비에이유에 위치한 공원으로 그레이스 왕비의 동상과 장미들로 꾸며 놓았다. 이곳에는 150여 종이 넘는 4,000그루의 장미나무를 심어 놓았다는데 장미나무가 많아 보이지도, 또 화려하지도 않았다. 그저 조용한 주택단지에 위치한 작은 공원이었다. 한쪽에 그녀를 기리는 동상을 세워놓아 가까이 가 보았다. 그레이스 왕비가 우아한 드레스를 입고 서 있었다. 다가가자 나이든 모습의 그레이스 켈리다. 사람들은 가장 아름다웠던 젊은 날의 그레이스 켈리가 아닌 모나코의 왕비로 살았던 중년의 왕비를 기억하고 있었다. 코끝이 찡해왔다.

F1과 몬테카를로 카지노

현재의 모나코를 가장 잘 느낄 수 있는 몬테카를로로 발길을 옮긴다. 모나코 빌에서 몬테카를로까지는 버스를 이용해도 되지만 항구를 따라 쭉 걸으면서 구경하기에도 좋다. 먼저 항구의 호화로운 요트를 마음껏 감상할 수 있고(이 중에 오나시스의 소유도 있다), 항구 앞에 있는 인공 수영장에서는 여유롭게 수영을 즐기는 모나코 사람들을 볼 수 있다. 항구 바로 앞쪽에 있는 큰길은 모나코 포뮬라 1의 경기가 열리는 출발 장소기도 하다.

매년 5월에 열리는 포뮬라 1은 몬테카를로 카지노와 함께 모나코의 양대 수입원이다. 내가 방문한 때는 경기 시작 며칠 전으로 한창 관중석을 정비하고 있었다. 이 경기가 유명한 이유는 보통 자동차 경주가 전용 경기장에서 열리는데 반해, 모나코 천연 경사에 만든 급커브 길을 이용하므로 훨씬 박진감이 넘치기 때문이다.

관람석은 총 3,000석이다. 단, 가격대가 100~600유로라서 주머니가 가벼운 개별여행자들에게는 그림의 떡! 행여 야외에서 무료로 관람할 수 있지 않을까, 하고 요리조리 자리를 옮겨 보았지만 볼만한 곳마다 막을 쳐 놓았다. 이 시기에는 모나코 일반 가정집에서 경기를 관람할 수 있는 전망 좋은 테라스를 제공하기도 한다. 하지만 티켓보다 훨씬 더 비싸다.

항구를 지나 오르막을 따라가면 몬테카를로 카지노 Monte-Carlo Casino가 나타난다. 최근에는 카지노 앞에 대규모 공원을 만들어 놓아 사진 촬영 장소로도 인기가 높다. 카지노 주변에는 시계, 다이아몬드, 백, 디자이너 부티크 등 명품 매장들이 호화롭게 늘어서 있다. 카지노에서 딴 돈으로 열심히 쇼핑하라는 살가운 배려일까. 피식 웃음이 났다.

몬테카를로 카지노

꼬뜨 다쥐르
-
Côte d'Azur

몬테카를로 앞쪽에 정원이 길게 새로 만들어졌다.

마침 관광지를 도는 꼬마 기차가 카지노 앞을 지나간다. 카메라를 꺼낸 사람들은 사진을 찍느라 분주하다. 이렇게 카지노 건물을 보는 것만으로도 관광이 된다니 신기하기만 하다. 혹시나 이곳 카지노를 방문한 유명 스타를 만나지 않을까 내심 기대했는데 그런 행운은 누리지 못했다. 자동차에 관심 있는 사람들은 카지노 앞 주차장에서 세계의 부호들이 몰고 온 명품 차를 실컷 구경할 수 있다.

몬테카를로 카지노는 본래 파리의 오페라를 만든 샤를 가르니에Charles Garnier가 오페라와 발레 공연을 위해 1878년에 만든 곳이다. 물론 지금도 공연이 열리지만 주로 카지노 용도로 사용한다. 카지노 출입 조건은 무척 까다롭다. 내부에서는 사진 촬영을 금지하고, 겉옷이나 짐이 있으면 따로 보관해야 한다. 반바지나 슬리퍼, 민소매 차림으로는 입장할 수 없다. 로비에는 유료 짐 보관소와 무료로 입장할 수 있는 슬롯머신 방이 있다. 조금 안으로 들어가면 왼쪽에 유료로 입장하는 룸의 티켓을 파는 리셉션이 있다. 입장료는 10유로다. 관광객들 대부분은 옷차림 때문에 건물 안으로 들어가지 못하고 건물만 실컷 감상하다 돌아온다.

재미있는 사실은 모나코가 국민들이 카지노를 이용하지 않는 조건으로 면세 혜택을 주고 있다는 것! 자국 국민들은 도박의 유혹에 빠지지 않게 보호하고 다른 나라 돈으로 국가 수익을 얻고 있다.

꼬뜨 다쥐르
-
Côte d'Azur

르누아르의 행복한 집
깐 쉬르 메르 Cagnes Sur Mer

―

발음도 어려운 이 마을에 오게 된 것은 순전히 르누아르의 집 때문이었다. 방스Vence로 가는 버스 안에서 여유롭게 창밖 풍경을 감상하는 중이었다. 신호등에 잠시 멈춘 교차로에서 르누아르의 집 광고가 보이는 거다. '르누아르는 파리에서 주로 살았을 텐데? 그 사람의 집이 정말 이곳에 있을까?' 궁금한 마음에 방스에서 돌아오는 길에 이곳에 내렸다.

　버스 정류장에 있는 마을 지도를 참고해 르누아르의 집을 찾아 갔다. 시계 바늘은 오후 4시 50분을 가리키고 있었다. 지중해 연안 지역은 미술관이나 박물관이 모두 점심시간 2시간 동안은 문을 닫고, 오후에도 일찍 문을 닫기 때문에 서둘러야 했다. 마음이 급했다. 머릿속에 그려진 마을 지도를 따라 언덕길을 올랐다. 하지만 내가 찾는 표지는 어디에도 없었다. '여기가 아닌가? 이럴 줄 알았으면 니스에서 지도라도 한 장 구해 올 것을…….' 때늦은 후회였다. 르누아르의 집 구경은 이제 끝나버린 것인가. 가슴이 답답해졌다.

　이때 구세주처럼 할머니 한 분이 커다란 개를 데리고 언덕길을 내려오고 있었다.

"실례지만, 이 길을 따라가면 르누아르의 집이 나오나요?Excusez-moi, Is there Renoir House on This Way?"

알아듣지 못할 것을 알면서도 급한 마음에 영어가 먼저 튀어나왔다(프랑스 전체가 그렇지만, 이 지역은 특히 영어를 할 수 있는 프랑스인이 정말 드물다). 다행히 눈치가 빠른 할머니는 '르누아르'라는 단어만 듣고 고개를 끄덕이더니 손가락으로 한 방향을 가리켰다. 환한 미소로 답해줘서 정말 고마웠다.

할머니의 손가락 지도를 따라가니 정말 꿈에 그리던 르누아르의 집이 나타났다. 다행히 문도 열려 있다. 안으로 들어가자 잘 가꾸어 놓은 정원 뒤로 르누아르의 집이 보이고, 길을 따라 넓은 들판과 올리브나무가 드문드문 서 있었다.

금빛 머리에 빨간 옷을 입은 아이가 들판에서 뛰어놀고, 어머니와 할머니가 따뜻한 눈길로 아이를 바라본다. 아이는 르누아르의 그림에 나오는 소년과 닮았다. 이젤을 세워 놓고 그림에 집중하고 있는 수염이 덥수룩한 중년

꼬뜨 다쥐르
Côte d'Azur

르누아르의 집

르누아르의 아뜰리에

남자의 모습도 보였다. 저 멀리로 중세 시대 느낌이 물씬 나는 우아한 성의 모습을 그리고 있다. 조금 더 걸어가니 오른쪽에 단정한 집이 보였다. 바로 르누아르의 집이다. 두근두근 뛰는 가슴을 안고 그 공간 속으로 빨려가듯 들어갔다. 허겁지겁 달려서 올라왔더니 숨이 턱까지 차올랐다.

"제 시간에 도착했나요? I'm on Time?"

티켓을 판매하는 직원을 보자마자 나는 헉헉대며 물었다.

"맞아요, 제 시간에 잘 도착했어요. Yes, You are on Time."

다행히 티켓 판매를 마감하기 30분 전이었다. "메르씨, 보꾸보꾸!" 다행이다. 르누아르 할아버지가 날 도와주시는구나! 르누아르가 생활하던 집을 볼 수 있다니!

그 남자의 따뜻한 시선에 중독되다

르누아르Pierre-Auguste Renoir, 1841~1919년는 내가 가장 좋아하는 프랑스 화가 중 한 사람이다. 이 화가의 그림과 마주하고 있으면 마음이 점점 따뜻해진다. 볼이 발그레하고 살이 토실토실하게 오른 아이들, 행복으로 가득 찬 눈빛을 지닌 통통한 여인들……. 어느새 그림 속 여인들처럼 실눈이 되어 웃고 있는 나를 발견하곤 한다.

르누아르는 '도시에서의 춤Danse à la ville, 1883'과 '시골에서의 춤La Danse à la Campagne, 1883'이라는 제목으로 커플 그림을 그렸다. 아무래도 여자들 대부분이 새침한 표정으로 우아하게 춤추고 있는 '도시에서의 춤'을 더 좋아하겠지만, 나는 '시골에서의 춤'을 더 좋아한다. 자신의 행복을 솔직하게 드러내는 모습이 좋다. 환하게 웃고 있는 여인의 스스럼없는 얼굴이나 토실한 몸매, 붉은색 꽃이 화려하게 수놓인 드레스가 아름다운 그림이다.

한 번은 종종 다니던 살사 바에서 이런 일이 있었다. 살사를 시작한 지 4년쯤 되는 때였는데, 내가 춤추는 모습을 계속 지켜보던 한 남자가 춤을 청하더니 이런 말을 했다.

"처음 뵙는데 이런 말을 해도 될지 모르겠지만, 춤추는 모습이 꼭 르누아르의 그림에 나오는 사람 같아요."

나는 기분이 좋았다. 내가 좋아하는 르누아르라니! 그만큼 춤추는 내 모습이 행복해 보였던 거야. 그보다 더 훌륭한 찬사가 세상 어디에 있을까. 하고 생각했는데 이야기를 들은 친구가 말했다. "르누아르 그림에 나오는 여자들은 다 뚱뚱하잖아." 하긴 르누아르의 그림에는 주로 풍만한 여성들이 나오니 그럴 수도 있겠다. 하지만 정말 그런 의미였나…….

꼬뜨 다쥐르
-
Côte d'Azur

처음에는 르누아르의 그림이 그저 좋기만 했다. 이유 없이 이끌리는 첫사랑처럼 말이다. 하지만 이 화가의 삶을 알게 된 후 내 사랑은 더욱 깊어졌다. 솔직히 르누아르의 그림을 보면, 유복한 가정에서 태어나 남부러울 것 없는 삶을 살아서 행복한 그림만 그렸겠구나 싶었다. 무엇 하나 부족한 것이 없는데 세상의 슬픔을 화폭에 담을 필요는 없을 테니 말이다.

하지만 르누아르는 내 생각과 정반대의 삶을 살았다. 프랑스 중부의 리모즈Limoges라는 곳에서 태어났는데 아버지가 재단사인 가난한 집안이었다. 3세가 되던 해 가족은 돈을 벌기 위해 파리로 이사했고, 르누아르는 13세부터 도자기 공장에서 중국 접시에 그림을 그려 넣는 일을 했다. 20세가 되던 1862년에는 그동안 일을 해서 번 돈으로 에꼴 데 보자르에 입학했고, 샤를 글레르Charles Gleyre의 밑에서 미술을 배우며 가난한 화가의 길로 들어섰다. 이때 만난 동료로는 시슬리, 모네 등이 있다.

당시 물감을 살 돈도, 모델을 구할 돈도 없어 친구의 집에 얹혀살았지만 르누아르는 행복해했다. "우리는 매일 먹지 못하지만, 그림을 그릴 수 있어 나는 여전히 즐겁네."하고 이야기할 정도로 말이다.

1864년에는 파리 살롱의 첫 번째 전시회에서 입선을 했고, 1870년부터 2년간 프러시아 전쟁에 참전했다. 1874년 전쟁에서 돌아온 르누아르는 인상파 전시를 성공적으로 마쳤다. 그러다 1879년에 만든 작품 '샤르팡티에 부인과 자녀들의 초상'이 찬사를 받으면서 경제적인 안정기로 접어들고 꿈에 그리던 스튜디오도 갖게 된다. 40세 무렵, 19세 연하인 알린느 샤르고Aline Charigot와 만나 사랑을 나눈다. 알린느는 바느질하는 일을 그만두고 르누아르의 모델이 되었다. 그들은 첫 아들인 피에르가 태어난 후 1890년에 결혼을 했다.

관절염으로 고생하던 르누아르는 1907년 따뜻한 지방인 니스 근처의 깐 쉬르 메르Cagnes sur Mer에 레 콜레트Les Collettes, 농장를 지어 이사하게 된다. 이곳에서 그림을 그리며 생애 마지막 20년을 보냈는데, 바로 여기가 르누아르의 마지막 숨결이 담긴 곳이다.

> **TIP** **도시에서의 춤**(Danse à la ville, 1883), **시골에서의 춤**(Danse à la Campagne, 1883)
> 춤이라는 같은 주제로 도시와 시골이 비교되면서도 연결되어 있는 커플 그림이다. 파리 오르세 미술관에 나란히 걸려 있는데 '도시에서의 춤'의 모델은 수잔느(Suzanne Valadon)라는 여성으로 르누아르를 비롯해 다른 화가들의 모델로 활동했다. '시골에서의 춤'의 모델은 르누아르의 부인인 알린느고, 남자는 르누아르의 친구인 폴이라고 알려져 있다. 춤을 주제로 한 다른 그림으로는 미국의 보스턴 미술관이 소장하고 있는 '부지발의 춤'(Danse à Bougival, 1883)이 있다.

꼬뜨 다쥐르
-
Côte d'Azur

르누아르의 집 거실

말년의 르누아르가 그림을
그리는 모습(알버트 안드레, 1919)

세상에서 가장 행복했던 화가

집의 내부는 르누아르의 아뜰리에Atelier, 화실, 르누아르와 알린느의 방, 아이들 방 3개, 그리고 함께 생활하던 화가들의 방까지 있어 꽤 넓었다. 경제적으로 풍족한 분위기에서 말년을 보냈다는 생각이 든다.

따뜻한 지역으로 이사를 왔지만, 관절염은 점점 심각해졌다. 1904년에는 뼈가 비틀리고 몸이 말라 몸무게가 고작 47kg밖에 나가지 않았다고 한다. 또한 1910년부터는 더 이상 걸을 수 없어 휠체어에 의지하는 신세가 되었다. 아뜰리에에서도 캔버스 앞에 놓여 있는 르누아르의 휠체어를 볼 수 있다. 시간이 지나면서 그림을 그리는 손가락에도 무리가 왔다. 붕대를 감아 손톱이 살에 파고들지 않도록 해야 했고, 누군가 옆에서 손가락 사이에 붓을 끼워 주지 않으면 그림을 그릴 수도 없었다.

나는 항상 르누아르가 궁금했다. 손으로 팔레트를 들 수 없어 휠체어에 고정하고, 누군가의 도움 없이는 그림을 그릴 수 없는 상태였는데도 왜 계속해서 그림을 그렸을까? 말년을 산책과 휴식으로 좀 더 편안하게 보낼 수도 있었을 텐데……. 게다가 가장 힘든 시기에 그린 그림에서조차 고통이라고는 전혀 느낄 수 없다는 사실이 놀라웠다. 그런 상황에서 어떻게 행복을 그릴 수 있었을까? 해답은 르누아르와 친구가 나눈 대화 속에서 찾을 수 있었다.

"자네는 왜 이런 고통 속에서 그림을 그리나?"

"고통은 지나가 버리지만 아름다움은 영원하기 때문이라네."

르누아르는 고통 속에서 그림을 그렸지만 그림 속에서 가장 행복했다. 일생 동안 6천여 점의 작품을 남겼고, 그가 남긴 그림을 통해 전 세계 사람들은 가슴 속에 따뜻한 행복을 채워 간다. 그래서 나는 르누아르가 참 좋다.

피카소의 마지막 생을 기억하다
앙티브 Anitbes

영국의 《더 타임스》는 사치갤러리와 함께 '20세기 최고 예술가'를 뽑는 인터넷 투표를 실시했다. 1위는 피카소(1881~1973년), 2위는 폴 세잔(1839~1906년), 구스타프 클림트(1862~1918년)와 클로드 모네(1840~1926년)가 그 뒤를 이었다.

그런데 왜 수많은 화가들 중 파블로 루이스 피카소Pablo Ruiz Picasso가 '최고'가 되었을까? 그 이유를 살펴보기 위해서는 먼저 '최초'라는 단어가 필요하다. 피카소는 당시 아무도 시도하지 않은 관점으로 세상을 보았고, 대상을 해체했다가 조합하는 독특한 작품에 도전했다. 입체파의 신호탄이 된 '아비뇽의 처녀'가 발표되자 사람들은 충격에 휩싸였다. 수세기 동안 미술계의 대들보라 할 수 있는, 절대 변하지 않을 공식과도 같던 원근법을 철저히 무너뜨린 것이다. 이는 미술 역사상 혁명에 가까운 일이었다.

미술을 좋아하지만 피카소의 작품은 난해하기만 했다. 유럽의 곳곳에서 이 화가의 작품과 마주할 때마다 고개를 갸우뚱한 적이 얼마나 많았던가. 어찌 보면 구겨지거나 일그러진 못난 그림을 보고 사람들이 왜 그토록 열광하는지 도무지 이해할 수가 없었다. 스페인 마드리드의 레이나 소피아 박물관에서 피카소 특별전이 열렸을 때 거대한 박물관을 에워싼 줄을 보고 얼마나 놀랐던지……. 그러다 파리의 피카소 미술관에서 피카소의 끊임없는 노력과 실험 정신을 엿보게 되었다.

 그저 독특한 천재의 시각으로 그린 줄로만 알았던 피카소의 그림은 한순간에 불쑥 튀어나온 우연의 결과물이 아니었다. 박물관에는 종이를 어떤 대상의 형태로 잘라서 구기거나 새롭게 조각내고 다시 합체한 후 화폭에 옮긴 과정이 전시되어 있었다. 그것도 한두 점이 아니라 수백 점이었다. '아비뇽의 처녀' 역시 그러한 과정을 통해 탄생한 것이었다.

 그제야 천재 피카소에 대한 오해가 풀렸다. 천재이기 전에 끊임없이 새로운 것을 시도한 도전가요 노력가였다는 사실을…….

―

/피카소와 피카소의 연인들/

피카소는 일생 동안 7명의 여성과 동거 또는 결혼을 했다. 함께한 여성들은 피카소에게 예술적 영감을 주는 원천이었고, 새로운 사랑에 빠질 때마다 화풍이 바뀔 정도로 피카소에게 뮤즈는 중요한 존재였다. 하지만 피카소의 사랑은 변덕스러웠다. 사랑하는 이와 함께 사는 동안에도 숱한 스캔들을 만들었던 것. 그로 인해 피카소의 연인들은 고통의 나날을 보내야 했다.

첫 번째 여인은 1905년에 만난 23세 동갑인 페르낭드 올리비에였다. 피카소의 가난한 시절을 유일하게 함께한 사람이다. 두 번째 여인은 친구의 애인이던 에바 구엘. 에바가 결핵에 걸리자 돌보기는커녕, 심지어 집을 옮겨버렸다. 결국 이 여인은 결핵으로 쓸쓸한 죽음을 맞이했다. 그 후 상류층의 러시아 무용수이던 올가 코클로바와는 피카소의 세 번째 여인이 되었다. 이 여인과 첫 결혼식을 올렸고, 첫째 아들인 파울로를 낳았다. 네 번째 여성은 당시 17세이던 마리 테레즈였고, 딸 마야를 낳았다. 마리 테레즈는 피카소가 세상을 떠난 후 차고에 목을 매 자살했다.

다섯 번째 여성은 유고슬라비아의 화가 겸 사진작가이던 도라 마르로 '우는 여자'의 모델이 되었다. 이 여인은 피카소와 헤어진 충격으로 정신 착란증에 시달렸다. 여섯 번째 여성은 프랑스와즈 질로. 그때 피카소의 나이는 63세, 프랑스와즈는 21세였다. 이 여인은 아들 끌로드와 딸 팔로마를 낳았는데 피카소가 자신의 친구와 바람을 피운다는 것을 알게 되자 헤어진다. 프랑스와즈 질로는 피카소에게 먼저 이별을 고한 유일한 여성이었다. 일곱 번째 여성은 두 번째로 결혼을 하게 된 자끌린 로크다. 피카소를 존경한 자끌린은 결국 마지막 연인이 되었고, 피카소의 장례식 때 이전 여인들과 자녀들의 참석을 막았다. 이 사건으로 첫째 아들인 파울로가 알코올 중독이 심해져 죽었고, 파울로의 아들까지 음독자살하는 일이 벌어졌다.

꼬뜨 다쥐르
-
Côte d'Azur

피카소 박물관

앙티브에 남겨진 피카소 미술관

피카소는 스페인과 프랑스 등 여러 도시에 무려 5만여 점의 작품을 남겼을 정도로 왕성한 작품 활동을 했다. 그래서 유럽에 유난히 피카소와 관련한 미술관과 박물관이 많다.

황혼기에 접어든 피카소는 꼬뜨 다쥐르의 여러 도시를 옮겨 다니면서 마지막 예술혼을 불태웠다. 당시에는 발로리Vallauris와 앙티브Antibes에서 도자기에 그림을 그리는 색다른 시도에 빠져 있었다. 발로리에서 도자기를 판매하는 자끌린 로크Jacqueline Roque, 1927~1986년를 만나 사랑에 빠졌고 80세가 되던 1961년에 결혼한다. 40세 연하이던 자끌린은 피카소의 마지막 연인이 되었다.

피카소가 앙티브에 머물던 1946년은 제2차 세계대전에서 히틀러가 유럽 여러 나라를 침공할 때였다. 피카소는 '평화'라는 주제로 작품 활동을 시작했고 앙티브 시는 작업을 위해 그리말디Grimaldi 성을 내주었다. 4개월간 이곳에서 그린 그림을 대부분 기증했는데, 작품들을 전시한 그리말디 성은 자연스럽게 '피카소 미술관'으로 불리게 되었다. 미술관의 규모는 다른 도시들과 비교해 그리 크지 않지만 피카소의 작품을 보러 오는 사람들로 항상 붐빈다.

마을 자체는 꼬뜨 다쥐르의 여느 도시들처럼 성곽에 둘러싸인 구시가지가 있고 항구에는 요트들이 한가로이 정박해 있다. 성곽 아래에 있는 작은 해변에서 수영을 즐기거나 선탠을 하는 사람들의 표정 역시 평화롭다. 전형적인 휴양도시다.

피카소, 그 후

피카소는 꼬뜨 다쥐르의 무젱Mougins의 별장에서 1973년 92세의 나이로 숨을 거두었다. 시신은 악상프로방스 근처의 보브나르그 성Château de Vauvenargues 정원에 묻혔다. 피카소가 죽은 후 성에서 생활하던 마지막 아내이자 연인이었던 자끌린은 1986년 권총 자살로 생을 마감한다.

피카소는 타고난 천재였고 성공한 예술가로 장수했다. 부와 명예, 그리고 수많은 여성들의 마음을 얻는 행운까지 얻었다. 그러나 피카소의 여인들과 자식들의 삶은 그러지 못했다. 잔인할 만큼 불행했고 우울한 삶은 혹독했다. 천재를 사랑한 대가라고 하기엔 너무도 가슴 아픈 이야기다.

돌로 장식된 벽

꼬뜨 다쥐르
-
Côte d'Azur

프랑스 향수의 본고장
그라스 Grasse

2000년 파트리크 쥐스킨트의 소설 『향수』가 우리나라에 출간되었을 때 나는 이미 그에게 빠져 있던 중이었다. 파트리크 쥐스킨트는 『좀머 씨 이야기』의 좀머 씨처럼 "나를 좀 제발 그냥 놔두시오!"라고 말하는 은둔형 소설가였다. 전혀 다른 성격의 사람에게 매혹당해 어쩔 줄 몰라 하는 나에게 『향수』는 또 다른 충격인 소설이었다. 그래서 소설 속 배경으로 등장하는 프랑스 남부의 '그라스'에도 가보고 싶었다.

그리고 그 결심이 아련히 저편으로 사라져갈 때 즈음, 2006년 어느 날, 영화 〈향수〉가 세상에 나왔다. 대중과 접촉하는 것을 극도로 꺼리는 저자를 영화사가 어떻게 설득했을까 궁금했었는데 영화 제작자는 이 영화를 위해 무려 15년 동안 파트리크 쥐스킨트에게 공을 들였다고 한다(우리나라에는 2000년에 책이 출간되었지만 『향수』가 발표된 해는 1985년이다). 영화 덕분에 다시 '그라스'를 기억하게 됐고 마침내 오랫동안 끌어온 결심을 이루게 됐다.

꼬뜨 다쥐르
-
Côte d'Azur

그라스는 냉침법을 이용한 향수 추출의 메카다.

향수를 추출하는 증류기

체취를 잃어버린 한 남자의 고독한 이야기

『향수』의 주인공인 그르누이는 파리의 생선 시장에서 태어나자마자 곧바로 쓰레기통에 버려졌다. 구사일생으로 살아나 고아원에서 지내다 가죽 공장에 팔려가게 되고 힘든 노동에 시달린다. 그러다 우연히 향수 가게에서 일하며 천부적인 후각을 이용해 쇠락한 향수 가게를 일으켜 세운다. 동시에 향수 제조법에 대해서도 체계적으로 배우게 된다.

향수의 제조법 중 하나인 증류법의 한계를 느낀 그르누이는 냉침법의 메카인 그라스를 찾아간다. 냉침법은 동물성 지방에 꽃을 붙여 서서히 냄새를 흡수시킨 후 포마드로 희석해 증류하는 향수 원액의 제조법 중 하나다.

그라스로 향하던 어느 날, 그르누이는 인간이라면 누구나 지니고 있는 체취가 자신에게는 없다는 것을 깨닫는다. 그 후 자신의 냄새를 만들기 위해(나는 이를 '존재감'이라고 표현하고 싶다) 사람들을 죽여 향수를 만드는 살인자가 된다. 먼저 향기로운 냄새를 풍기는 여성을 찾아내 향수의 베이스를 만들고, 그 원액들을 섞어 체취를 대신할 수 있는 향수를 만드는 것이다. 만인에게 사랑받을 수 있는 향수를 말이다. '어느 살인자의 이야기'라는 부제처럼 잔인하지만 동시에 슬프고 또 고독한 이야기다.

그르누이는 인간이라면 누구나 지니고 있는 체취를 지니지 못한 존재다. 존재하지만 동시에(냄새로는) 존재하지 않는…….

수많은 사람들을 죽인 그르누이는 온 세상 사람들이 무릎을 꿇을 만한 천상의 향수를 만들어 낸다. 그리고 사형대 위에 섰을 때 향수를 뿌린다. 잠시 후, 살인자를 죽이라던 사람들은 그 앞에서 무릎을 꿇고 '천사'라고 찬양한다. 그러다 모두 그 자리에서 옷을 벗어 던지고 주변 사람들과 사랑을 나누기 시작한다.

그르누이는 자신이 살해한 여성의 아버지조차도 자신을 '아들'이라고 부르게 만드는 힘을 얻었지만, 동시에 사랑을 나누는 사람들의 모습을 보며 예전과 다르지 않은 소외감을 느낀다. 천상의 냄새를 가졌더라도 자신은 외롭고 영원히 사랑받지 못할 존재임을 깨닫게 된 것이다.

그르누이는 걸어서 다시 파리로 돌아간다. 그리고 자신이 태어난 파리의 생선 시장에서 자신의 몸에 향수를 모두 쏟고, 향기로운 냄새에 달려든 사람들에게 먹힘으로써 세상에서 영원히 사라져 버리고 만다.

Inside
-
France

/향수의 기원/

향수는 'Per(~을 통해서)'와 'Fumare(연기)'가 만나 '연기를 통해서'라는 뜻이 되었다. 고대 이집트와 메소포타미아에서 처음으로 만들어져 로마와 페르시아로 전파되었다. 초기에는 신에게 제사를 지내거나 종교적인 의례를 거행할 때 사용했으나 점차 나쁜 체취를 중화하거나 없애는 용도로 확대되었다.

14세기 초 이슬람 세력이 확장하면서 유럽에 들어왔다. 최초의 근대적인 향수는 향수의 원료인 에센스 오일과 알코올을 섞어 만들었다. 향수 산업은 16세기 이탈리아에서 가장 화려하게 꽃피었다. 프랑스에는 이탈리아의 까뜨린느 메디치Catherine de' Medici가 앙리 2세와 결혼하면서 까뜨린느와 함께 온 개인 조향사 르네Rene le Florentin가 처음으로 들여왔다.

향수는 프랑스 상류층을 중심으로 빠르게 퍼져 나갔다. 판매 시장의 중심지는 파리였지만, 향수 원액을 얻기에 최적의 조건을 갖춘 곳은 프랑스 남부였다. 18세기부터 그라스에서 재배된 재스민과 장미 등의 향수 재료가 남부에서 대량으로 재배되었고, 프랑스 향수 산업은 유럽의 중심이 되었다. 비록 19세기 이후 화학적인 향수가 널리 보급되었지만, 프랑스는 여전히 세계적인 향수 산업의 메카로 굳건히 자리를 지키고 있다.

역사적인 향수의 고향을 찾아서

그르누이가 냉침법을 배우고 동시에 수많은 살인을 저지른 그라스. 오랜 그리움 끝에 드디어 그곳을 찾았다. 도시에 가까워질수록 심장은 콩닥콩닥 뛰기 시작했다.

'영화에 비친 그라스의 모습은 얼마나 아름다웠던가! 넓디넓은 보랏빛 라벤더 밭이 끝없이 펼쳐져 있고 그 가운데 홀로 솟아 있는 중세 시대 성곽은 그림 같겠지. 어쩌면 마을에 도착하기도 전에 라벤더 향이 내 코끝에 와 닿을지도 몰라. 전 세계 향수 원액의 90%를 생산하는 곳이라는데 골목마다 풍기는 짙은 향수 냄새에 머리가 아파오지 않을까 걱정이야.' 호들갑을 떨며 고민했는데 혼자 또 김칫국 마시고 북치고 장구 쳤다. 라벤더 밭은커녕 온통 현대적인 집들로 가득 차 있었다. 해발 350m 높이의 성곽에 둘러싸인 구시가지는 보존 상태가 좋았지만, 영화 속 장면 그대로일 것이라고 너무 기대한 탓인지 실망감이 밀려왔다. 컴퓨터 그래픽의 위력이었구나.

그라스는 중세 시대부터 가죽 가공업으로 번창한 도시다. 가죽을 가공할 때 나는 냄새가 너무 심해 이를 없애기 위해 향료를 사용하기 시작하면서 향수 산업이 발달했다고 한다. 그라스는 강우량이 적고 온난하며, 향료의 원료가 되는 오렌지 꽃, 라벤더, 장미, 미모사, 재스민, 바이올렛 등의 식물이 잘 자라는 토양이어서 향료를 만드는 데 최적의 조건이었다.

18세기에 이르러 가죽 공장의 조향사들이 독립해 회사를 세우면서 프랑스 내에서뿐만 아니라 세계적으로 유명한 향수의 수도가 되었다. 그라스에 생겨난 대표적인 향수 회사로는 프라고나르와 몰리나르가 있다. 이들은 그라스 말고도 니스, 에즈, 파리 등에 체인점을 두고 있다.

그라스의 입구에 세워진 향수 조형물

꼬뜨 다쥐르
-
Côte d'Azur

몰리나르의 숍

프라고나르의 숍

프라고나르 vs 몰리나르

1926년부터 향수를 만들어 온 프라고나르Fragonard는 구시가지 입구에 위치하고 있어 방문하기에 매우 편리하다. 이 회사의 명칭은 18세기 그라스에서 태어난 프랑스의 풍속 화가인 장 오노레 프라고나르Jean-Honoré Fragonard의 이름을 사용했다. 그라스에만 공장이 4~5곳 있는데 그중 내가 방문한 곳은 그라스 구시가지 아래쪽에 위치한 꽤 규모가 큰 공장이었다.

담당자는 각 나라의 언어별로(안타깝게도 한국어는 없었지만) 향수의 제조 과정에 대해 상세하게 설명해 주었다. 영화에서도 자세히 소개된 동물성 지방을 바른 나무틀과 특이한 모양의 증류 기계, 다양한 모양의 향수병 등을 전시하고 있었다. 또한 향수를 만드는 조향사와 향수의 제조 과정 그리고 향수를 만들고 남은 재료로 비누를 만드는 모습까지 실제로 볼 수 있어 더욱 감동적이었다.

마지막 방에는 프라고나르에서 생산하는 모든 제품이 진열되어 있었다. 향수, 비누, 보디용품, 오일 등 다양한 종류의 상품을 테스트하고 살 수 있는 곳이다.

구시가지 안으로 조금 들어가니 프라고나르에서 운영하는 프로방스 전통 복장 & 장식 미술관Provençal Costume and Jewelry Museum이 나왔다. 사진 촬영은 할 수 없었지만 영화에 나온 의상을 직접 볼 수 있어 흥미로웠다. 영화와는 조금 차이가 있지만, 한껏 부풀린 치마와 매미 문양이 자잘하게 들어가 있는 전통 의상이 특히 인상적이었다.

몰리나르Molinard는 구시가지에서 조금 떨어진 곳에 있다. 1849년에 문을 연 유서 깊은 향수 회사다. 고풍스러운 건물이 회사나 공장이라기보다는 여느 귀족의 집을 연상하게 한다. 내부로 들어가니 프로방스 전통 의상과 향수 제조용품을 전시하고 있었다. 몰리나르의 제품들을 진열한 방 역시 무척 우아하게 꾸며 놓아 숍이라기보다 전시실 같은 느낌이다. 프라고나르와 몰리나르 모두 시간만 예약하면 방문객이 원하는 향을 조합해 세계에서 단 하나뿐인 향수를 만들어 준다.

나는 프라고나르에서 향수 한 병과 비누를 기념품으로 구입했다. 비록 그라스의 현재 모습은 영화 속 모습과는 많이 달랐지만, 향수 마을은 내게는 마치 살아 있는 하나의 박물관 같았다.

니스로 돌아가는 버스 안에서 문득 내 팔에 코를 묻고 킁킁거렸다. 바위굴 속에서 자신의 체취를 찾기 위해 노력하던 그르누이처럼 말이다. '내 체취는 어떤 냄새일까?' 손목에서는 오늘 테스트한 여러 가지 향수에 땀 냄새가 뒤섞여 오묘한 냄새가 났다.

가방에서 좀 전에 프라고나르에서 산 향수병을 꺼냈다. 황금색의 향수가 버스에 흔들려 출렁인다. 달콤 상큼하고 화사한 향이다. 세월이 흘러 오늘의 기억이 희미해졌을 때 이 향수를 꺼내서 뿌려야지. 그러면 그 향기가 추억 속 그라스로 나를 데리고 가 주겠지.

그라스 구시가지

꼬뜨 다쥐르
-
Côte d'Azur

마티스가 남긴 최고의 걸작 로사리오 성당
방스 Vence

방스는 생 폴 드 방스와 함께 니스에서 당일치기로 다녀오기 좋은 작은 마을이다. 이곳에서 빼놓을 수 없는 명소는 로사리오 성당Rosaire Chapelle으로 마티스가 만들었다고 해서 마티스 성당Matisse Chapelle이라고도 부른다.

피카소와 더불어 20세기의 가장 위대한 예술가로 불리는 앙리 에밀-베노아 마티스Heinri Émile-Benoit Matisse, 1869~1954년는 프랑스 북쪽의 르 카토-캉브레지Le Cateau-Cambrésis에서 태어났다. 12세 때 처음 피카소를 만나게 되는데 이들의 우정은 평생 동안 지속되었다.

신인상주의와 야수주의, 입체주의 등에 영향을 받고 작품 활동을 하였다. 1910년대 모로코를 여행한 후 독특한 화풍을 만들어 냈다. 화려한 색채를 사용해 평면적인 구성을 하거나 단순한 색을 단순한 문양으로 나열하는 방식이다.

주로 파리에서 활동하던 마티스는 1917년 니스의 시미에Cimiez 언덕(현재 마티스 미술관)으로 거처를 옮겼다. 당시 암 수술을 받은 마티스는 간호사를 고용했다. 모니끄 부르주아Monique Bourgeois라는 젊은 간호사는 마티스를 헌신적으로 간호했으며 종종 모델이 되어 주기도 했다.

1943년 어느 날 모니끄는 방스에 위치한 도미니크회의 수녀가 되기로 결심한다. 그리고 마티스는 모니끄가 생활하는 곳 근처에 집을 얻는다. '꿈Le Rêve'이라는 빌라로 마티스 성당과 같은 도로 261번지에 있었다.

모니끄는 1946년에 자끄 마리Jacques-Marie 수녀가 되었고 그 후로도 마티스와 우정을 계속 이어 갔다. 어느 날, 자끄 마리 수녀는 마티스를 찾아가 곧 성당을 지을 예정인데 성당 일부를 꾸며 줄 수 있겠느냐고 부탁한다. 마티스는 세례는 받았지만 독실한 신자가 아니었고 단 한 번도 이런 일을 해 본 적이 없었다. 하지만 수녀를 위해 성당을 짓고 인테리어까지 해 줄 것을 약속한다. 아무래도 마리 수녀를 많이 좋아하지 않았을까 싶다. 당시 마티스의 나이는 77세였다.

마티스는 1947부터 4년 동안 자신의 모든 예술적 재능과 열정을 성당을 만드는 데 쏟기 시작했다. 건축, 스테인드글라스, 벽화, 가구, 신부의 옷까지 마티스의 예술혼은 아름답게 꽃피었다. 1951년 성당이 완성되자 마티스는 이렇게 말했다.

"4년 동안 내 모든 것을 쏟아 부은 이 작업은 지금까지 내가 해 온 모든 예술 활동의 결과물이라 할 수 있습니다. 부족한 부분이 있을지라도 나는 이것이 최고의 걸작이라고 생각합니다."

그리고 3년 후 심장마비로 세상을 떠났고, 시미에의 노트르담 드 시미에 묘지Monastère Notre Dame de Cimiez에 묻혔다. 자끄 마리 수녀는 2004년 84세의 나이로 숨을 거뒀다.

—

꼬뜨 다쥐르
-
Côte d'Azur

로사리오 성당에서 바라본 방스 구시가지

작은 마을 방스에 몸을 내려놓다

버스 기사 아저씨는 방스 마을에 갈 거라면 여기서 내려야 한다고 일러주었다. 내리자마자 바로 건너편에 높은 성벽이 보였다. 12~17세기에 만들어진 중세 도시다. 좁고 아기자기한 길이 이어졌고, 어느새 성당과 시청의 모습이 보였다. 길을 걸은 지 채 3분이 되지 않았는데 벌써 마을의 중심에 도착하다니……. 이렇게 작은 구시가지가 있다니 참 신기하다.

먼저 구시가지 옆에 있는 관광안내소에 들러 마티스 성당으로 가는 길을 물었다. 지도를 보고 다리를 건너 번지수를 확인하면서 오르막길을 올라가면 된단다. Avenue Henri Matisse, 466번지. 땀을 흘리며 문 앞에 도착한 시간은 11시 30분이었다. 기다란 직사각형 모양의 흰색 건물이 보였다. 밝은 파랑과 흰색이 섞여 있는 지붕 위로 커다랗고 가느다란 십자가가 보이지 않았다면 무심코 지나칠 뻔했다. 작고 소박한 모습이다.

그런데, 이런! 지금부터 점심시간이란다. 그것도 방금 시작해서 2시까지! 장장 2시간 30분을 기다려야 하는 상황이다. 이럴 줄 알았다면 구시가지를 나중에 보고 이곳에 먼저 오는 거였는데……. 뒤늦은 후회가 밀려왔지만 이미 늦었다. 시간을 어떻게 보낼까 고민하던 차에 아까 다리 옆에서 본 작은 식당이 생각났다. 천천히 점심을 먹으면서 다시 문이 열리기를 기다려야겠다.

작은 식당은 깔끔하고 음식도 맛있었다. 신선한 토마토와 양상추, 피망과 올리브가 들어간 샐러드에 스테이크와 데운 야채, 구운 토마토 요리가 나왔다. 에스프레소 한 잔을 마시며 관광안내소에서 받은 자료를 보는데 생 폴 드 방스까지 이어지는 트레킹 코스가 있다. 하긴, 차로 겨우 5분 거리니 그리 멀지도 않다. 시간이 된다면 풍경을 감상하며 걸어도 좋을 것 같다.

—

방스의 구시가지

작지만 세상에서 가장 아름다운 성당

1시 40분쯤 식당을 나와 천천히 언덕을 올랐다. 2시가 되자 문이 열렸고 수녀님들이 조용히 관광객들을 맞았다. 들어가 보니 벽도 문도 작은 받침대도, 의자를 빼고는 온통 하얀색이다. 내부에서는 묵언을 해야 하고 사진을 찍을 수 없다. 프랑스 단체 관광객들이 모두 들어오자 수녀님이 성당에 대해 프랑스어와 영어로 설명을 해 주었다.

　한눈에 봐도 마티스의 작품이라는 것이 느껴지는 아름다운 스테인드글라스! 이곳을 통해 들어오는 햇살이 흰색 벽에 닿자 자연스레 아름다운 문양이 만들어졌다. 분명 해의 위치와 기울기, 빛의 세기에 따라 흰색 벽은 캔버스가 되어 하루에도 수십 가지 작품을 보여줄 것이다.

로사리오 성당의 첨탑

로사리오 성당 입구

스테인드글라스는 마티스가 가장 심혈을 기울인 부분으로 노랑, 초록, 밝은 파랑 세 가지 색을 사용했다. 노랑은 태양, 초록은 식물, 그리고 파랑은 지중해 바다와 마리아를 상징한다. 제단 바로 옆 두 개의 창에는 '삶의 나무'라고 부르는 스테인드글라스가 있다. 단지 세 가지 색을 이용해 일조량과 해의 위치에 따라 시시각각 변화를 주는 인테리어라니 놀랍기 그지없다. 고심하며 성당을 지었다는 마티스의 세심한 마음과 정성이 느껴졌다. 이곳에서 생활하는 수녀님이 부러워졌다.

스테인드글라스 벽을 제외한 나머지 삼면의 벽에는 커다란 벽화 세 개가 있다. 흰색 타일 위에 검은색 형태로만 그렸다. 제단 쪽에는 도미니크 수도회의 창시자인 성 도미니끄가, 옆면에는 마리아와 아기 예수님이, 그리고 뒤쪽 벽에는 십자가의 길 14처가 그려져 있다. 모든 얼굴은 눈 코 입 없이 얼굴 형태만 표현되어 있다. 그 얼굴은 모든 이의 얼굴이 될 수 있다. 감동적이었다. 단순한 형태로 표현된 성화는 예술가의 말년을 보여주는 듯 했다.

로사리오 성당은 모든 종교와 인종과 차이를 뛰어넘어 한국에서 온 낯선 방문객을 따뜻하게 품어주었다. 위대한 예술가의 마지막 걸작이라는 표현이 맞구나. 마티스 성당은 길이 15m, 폭 6m밖에 안 되는 아주 작은 성당이지만, 세계 곳곳을 여행하며 본 그 어떤 성당보다 아름다웠고 또 감동적이었다.

동화처럼 아름다운 샤갈의 마을
생 폴 드 방스 St. Paul de Vence

―

방스에서 버스를 타고 5분을 달리자 금세 생 폴 드 방스에 도착했다. 시간 여유가 있었다면 천천히 산책하듯 걸어서 왔을 텐데……. 작은 아쉬움이 남는다.

생 폴 드 방스는 16세기에 만들어진 중세 마을이다. 성 안에 겨우 350명의 사람들이 살고 있는 작고 앙증맞은 마을에는 지금도 동화처럼 아름다운 흔적들이 곳곳에 살아 있다. 1960년대 프랑스의 배우인 이브 몽탕 Yves Montand 과 시몬느 세뇨레 Simone Signoret 는 이곳에서 결혼식을 올렸고, 마르끄 샤갈이 마지막 예술혼을 불태운 곳으로도 유명하다. 1920년부터 마을의 평온함과 아름다움에 반한 마티스, 르누아르, 모딜리아니, 피카소 등 유명한 예술가들이 이곳으로 찾아와 그림을 그렸다.

버스에서 내려 성으로 들어가려는데 왼쪽에 관광객들로 바글바글한 건물이 보였다. 이곳은 라 콜롬브 도르 La Colombe d'Or 라는 식당 겸 호텔로 '황금 비둘기'라는 뜻을 지니고 있다. 피카소, 샤갈, 브라크 등 예술가들이 공짜로 먹고 자는 대신 그림을 그려 주던 곳이다. 덕분에 건물 곳곳에서 거장들의 작품을 만날 수 있다. 단, 식사를 하는 사람들에 한해서! 최소 40~50유로

가 필요한 상황이었지만, 이런 특별한 기회가 또 있을까 하는 생각에 눈 딱 감고 들어가기로 마음먹었다. 그런데, 낭패다. 워낙 작품을 보려는 이들이 많아 성수기에는 몇 주 전에 예약을 해야 식사를 할 수가 있단다.

들떠 있던 마음을 차곡차곡 접어 성안으로 들어갔다. 입구에 위치한 관광안내소에서 지도를 받았는데 친구들에게 선물로 줘도 손색이 없을 만큼 예쁘다. 구겨지지 않게 조심스럽게 가방에 넣었다. 성안은 지도를 꺼낼 필요도 없이 매우 작았고 예술가들이 많이 방문하는 마을답게 곳곳에 갤러리가 많이 있었다. 수세기 동안 많은 사람들의 발길에 닳고 닳아 반들반들해진 돌담길, 따뜻한 햇살에 몸을 맡긴 채 꾸벅꾸벅 졸고 있는 고양이……. 모든 것들이 고요하고 편안했다. 평화로운 동화 속 마을에 온 것 같았다.

어느새 성 입구의 반대쪽에 다다르니 공동묘지가 보였다. 묘지 안에는 12세기에 만든 생 미쉘 예배당Saint-Michel Chapelle과 마르끄 샤갈의 소박한 무덤이 있었다.

꼬뜨 다쥐르
Côte d'Azur

210

생 폴 드 방스의 구시가지

/마르끄 샤갈/

마르끄 샤갈(Marc Chagall, 1887~1985년)은 유대인으로 러시아에서 태어났다. 1910년 파리로 유학을 와서 그림을 공부했고, 제1차 세계대전이 일어난 후 1914년 러시아로 돌아가 러시아 혁명기를 맞았다. 8년 뒤 프랑스로 돌아와 귀화했다. 제2차 세계대전이 일어나자 나치에 점령당한 프랑스를 피해 1941년부터 1948년까지 미국에 머문다. 후에 프랑스로 돌아오는데 피카소를 비롯한 예술가들을 따라 니스에 정착한다. 꼬뜨 다쥐르의 아름다움에 반한 나머지 남은 생을 이곳에서 살기로 마음먹는데, 이때 "나를 지중해 해안으로 인도해 주신 운명에 감사합니다."하는 말을 남겼다. 1966년 생 폴 드 방스로 이사했다. 샤갈은 마을과 산책로를 돌아다니며 주변의 아름다움을 화폭에 담았다. 그리고 1985년 97세의 나이로 세상을 떠나 자신이 몹시 사랑한 생 폴 드 방스의 작은 무덤 안에 조용히 잠들었다.

440파운드의 물감으로 그린 거대한 샤갈의 천장화

부드럽고 화사한 파스텔 톤으로 그려 낸 샤갈의 그림은 연인들의 사랑처럼 로맨틱하다. 그리고 동화 속 세상에 초대받은 듯 환상적이다. 그래서 샤갈의 그림을 보고 있노라면 내 마음도 장밋빛으로 발그레 물든다.

내가 샤갈의 색채에 처음으로 감동한 때는 파리의 오페라 가르니에 극장 Opéra Palais Garnier 투어에서였다. 발레 연습실을 구경한 후 마지막으로 넓은 극장에 들어간 나는 그만 심장이 멎는 줄 알았다. 천장에 그려놓은 거대한 샤갈의 유화 때문이었다.

샤갈은 1964년 77세의 나이에 샤를 드골과 앙드레 말로의 요청으로 이 프로젝트를 시작했다고 한다. 모차르트, 차이코프스키 등 14명의 작곡가에게 헌정하는 의미로 유명 오페라와 발레 장면, 그리고 파리의 상징을 넓디넓은 천장에 그려 냈다. 천장화의 면적만 무려 220㎡. 그림을 그리는 데 440파운드라는 엄청난 양의 물감을 썼다고 한다. 함께 투어를 하는 사람들 모두 천장을 향해 고개를 젖히고 목이 아플 때까지 감탄사를 연발하며 감상하던 추억이 새록새록 떠오른다.

오페라 가르니에의
샤갈의 천장화

언덕 위에 서 있는 샤갈의 그림 패널

근처에 샤갈의 작품을 소장하고 있다는 미술관이 있어 찾아가 보기로 했다. 1964년 개관한 마그재단 미술관 Foundation Maeght이다. 생 폴 드 방스에서 가는 길은 두 가지가 있는데 하나는 내리막길인 큰 도로를 따라가는 것, 또 하나는 버스정류장 옆에 있는 생트 클라르 예배당 Sainte-Claire Chapelle의 길을 따라 올라가는 것이다.

별 생각 없이 생 폴 드 방스의 전경을 보고 싶어 오르막길을 택했는데 길을 따라가 보니 횡재도 이런 횡재가 없었다. 17세기에 만든 생 샤를-생 끌로드 예배당 Saint-Charles-Saint-Claude Chapel 앞에 샤갈의 그림 패널이 세워져

있었던 것이다. 바로 이 자리가 샤갈이 그림을 그리던 장소였고 이곳에 펼쳐진 생 폴의 전경은 정말이지 눈이 시릴 만큼 아름다웠다.

샤갈이 화폭을 펼쳤던 자리에 벤치를 마련해 놓았기에 그곳에 앉아 보았다. 샤갈이 그린 그림과 생 폴을 비교하는데 다시 한 번 샤갈에게 감탄을 하고 말았다. '생 폴 위의 연인들' 그림에는 생 폴 마을 위로 한 커플이 공중에 떠 있는 모습이 그려져 있다. 샤갈은 내가 지금 바라보고 있는 똑같은 생 폴을 보면서 아름다운 커플이 하늘을 둥둥 나는 그림을 그렸던 것이다. 정말 샤갈은 상상력 넘치는 순수하고 맑은 아이의 마음을 가지고 있구나 하는 생각이 들었다.

좀 더 위로 올라가니 노트르담 드 라 가데트Notre-Dame de la Gardette, 또는 Chapelle Saint-Georges가 보였다. 이곳은 중세 시대에 순례자들이 숙소로 사용한 곳이다. 옆쪽에 샤갈 그림이 또 하나 있다. 이번에는 '마을 앞의 테이블'이라는 제목이다. 테이블 위에는 맛있는 음식이 차려져 있고 저 멀리 평화로운 생 폴의 모습이 보인다. 그림의 왼쪽에는 아름다운 연인이 커다란 붉은 새를 타고 있다. 동화처럼 몽롱한 그림이다.

내리막길을 걸어 내려오니 다시 언덕이 보였다. 그 위에 마그재단 미술관이 있다. 마그재단 미술관에서는 샤갈, 레제Léger, 브라크Braque, 미로Miró 등의 근현대 미술 작품을 전시하고 있었다. 현대미술을 좋아한다면 방문해볼 만한 곳이다. 마그재단 미술관은 좋았지만 언덕 위에서 우연히 만난 샤갈의 그림과 아름다운 생 폴의 감동이 더 컸다.

다음에 이곳을 찾을 때에는 꼭 '라 콜롬브 도르'에 점심 식사를 예약하고 와야겠다. 기분 좋은 생각을 하는 동안 어느새 니스로 가는 버스가 도착하고 있었다.

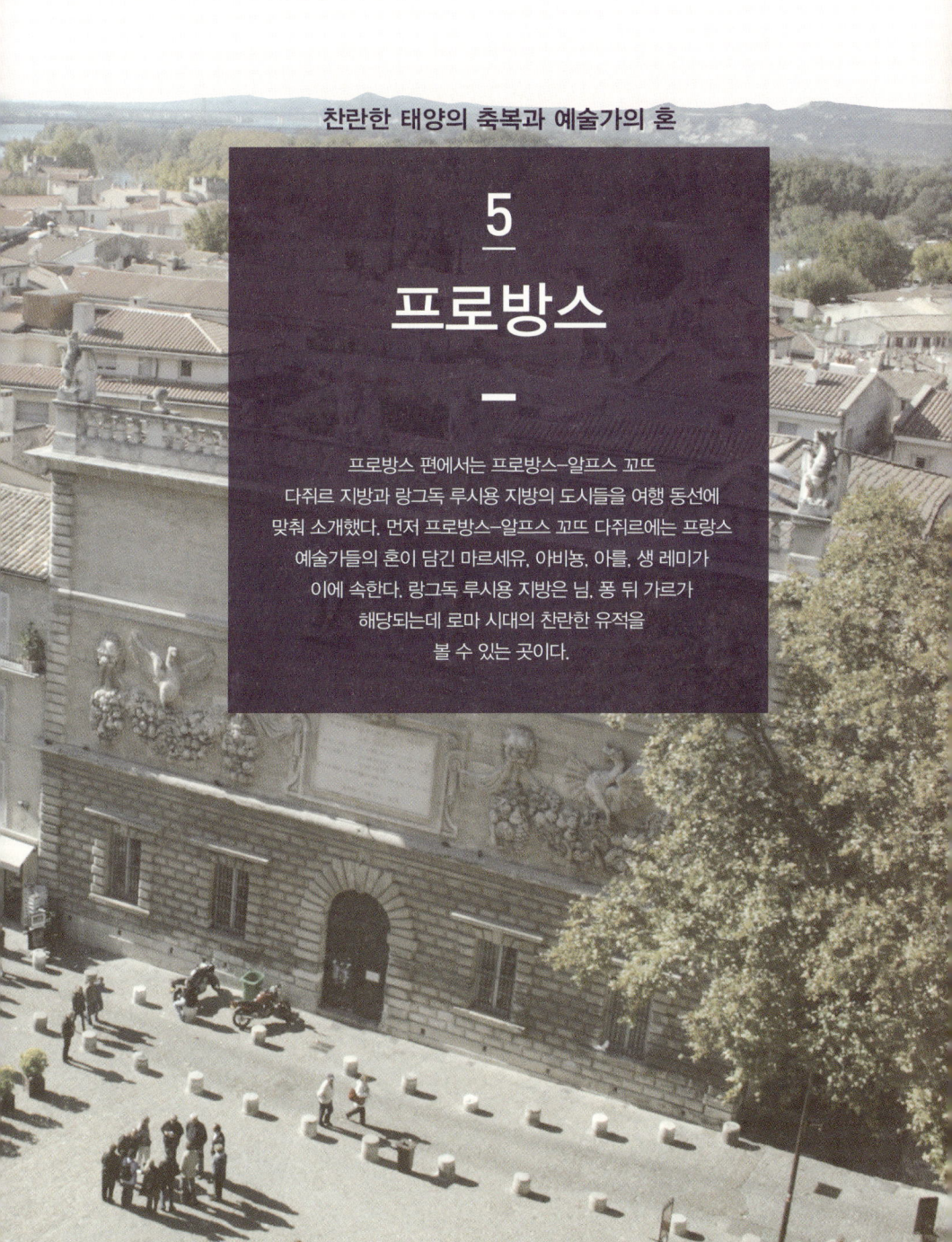

찬란한 태양의 축복과 예술가의 혼

5
프로방스
—

프로방스 편에서는 프로방스-알프스 꼬뜨
다쥐르 지방과 랑그독 루시용 지방의 도시들을 여행 동선에
맞춰 소개했다. 먼저 프로방스-알프스 꼬뜨 다쥐르에는 프랑스
예술가들의 혼이 담긴 마르세유, 아비뇽, 아를, 생 레미가
이에 속한다. 랑그독 루시용 지방은 님, 퐁 뒤 가르가
해당되는데 로마 시대의 찬란한 유적을
볼 수 있는 곳이다.

프로방스
-
Provence

연극 축제의 열기
아비뇽 Avinon

―

파리에 머물고 있을 때였다. 숙소에서 우연히 만난 한국 남자는 연극을 한다고 했다. 작은 키에 마른 몸매, 그리고 길러서 뒤로 묶은 머리……. 곧 한국으로 돌아간다기에 이번 여행에서 어디가 제일 좋았냐고 물었다. 내내 무표정하던 얼굴은 순간 꿈꾸는 듯 소년의 얼굴로 바뀌더니 입에서는 짧은 지명 하나가 흘러나왔다. "아비뇽."

20여 일 동안 머물렀다고 했다. 아비뇽은 연극에 푹 빠져 사는 자신에게는 꿈의 도시였다 말했다. 매일 낮에는 무료로 펼치는 길거리 공연을 보고, 밤에는 티켓을 사서 세계 여러 나라의 연극을 닥치는 대로 보았단다. 너무 행복했단다. 그러면서 축제 기간 초기에 잠잘 곳을 구하지 못해 작은 공원에서 노숙한 이야기를 들려줬다.

"노숙은 위험하지 않아요? 유럽에는 공원에서 약을 하는 사람들도 많다는데……."

"위험하기는커녕 매일 밤마다 축제 분위기였어. 축제를 보러 온 사람들 중에 나처럼 숙소를 구하지 못한 사람들이 꽤 많았는데 이 사람들 모두 공원에서 함께 잠을 잤는걸. 대부분 새벽까지 술을 마시며 웃고 떠드는 화기애애한 분위기였어. 그리고 아비뇽은 큰 도시가 아니라서 노숙해도 위험하지가 않아. 숙박비가 들지 않은 덕분에 연극을 더 많이 볼 수 있어서 좋았지. 그래도 나중에는 지붕이 있는 곳에서 머물렀어. 비록 마룻바닥이었지만……."

그는 밝게 웃었다. 얼굴 가득 행복이 넘쳐흘렀다.

흥미로웠다. 아비뇽 축제에 대한 이야기보다 그의 표정이 호기심을 더 자극했다. 도대체 아비뇽의 축제가 어떠했기에 이렇게 꿈꾸는 듯한 표정으로 이야기를 하는 걸까?

아쉽게도 그해의 축제는 끝나서 가볼 수가 없었다. 언젠가 유럽에 다시 오면, 그때는 아비뇽 축제를 놓치지 말아야겠다고 생각했다. 그리고 그로부터 5년 후, 나는 아비뇽의 작은 기차역에 도착했다.

―

프로방스
-
Provence

아비뇽 입구

길거리는 온통 연극과 공연 포스터로 도배되어 있었다.

매력적인 공연이 펼쳐지는 아비뇽 광장

기차역을 나오자마자 정면에 성문이 보였다. 벌써 축제가 시작돼 길거리는 온통 연극과 공연 포스터로 빈틈없이 도배되어 있었다. 얼굴에 화려한 분장을 한 사람들, 알록달록한 옷을 입은 사람들이 여기저기 보였다. 축제의 설렘이 내게도 그대로 전해져 심장이 두근댔다.

조금 걸어가니 오른쪽에 작은 공원이 보였다. 5년 전 파리에서 만난 그 남자가 잤다는 곳이 바로 여기구나 싶어 슬며시 웃음이 나왔다. 바로 옆에는 관광안내소가 있는데 웅성웅성하는 소리가 밖에까지 들렸다. 공연 티켓을 문의하는 사람, 연극 정보를 얻으려는 사람, 공연 홍보지를 구하려는 사람, 숙소를 찾는 사람……. 관광안내소는 분주했다.

묵을 곳을 알아보았으나 아비뇽의 모든 숙소는 이미 다 차 있었다. '아무리 축제 기간 중이라도 한 사람 잘 방은 있겠지.'하는 생각을 하고 온 내가 바보였다. 그렇다고 공원에서 노숙을 하고 싶지는 않았다. 다행히 관광안내소 직원은 기차로 30~40분쯤 떨어진 아를Arles에는 숙소가 있을 거란다. 마침 유레일 연속패스를 사용 중이어서 무료로 기차를 이용할 수 있었다. 오고 가는 데 시간이 걸릴 뿐 나쁜 조건은 아니었다. 일단 가방을 기차역의 로커룸에 넣어 두고 시내를 돌아보기로 했다.

아비뇽의 중심 광장이라 할 수 있는 쁠라스 데 로흘로지Place de L'horloge에 도착하니 시청이 보였고, 그 앞에서는 공연이 한창 진행 중이었다. 사람들이 둥글게 에워싸고 폭소를 터뜨리며 오~ 하는 탄성까지 지르는 걸 보면 재미난 공연인가 보다. 사람들 틈새를 비집고 까치발을 하고 봤다. 차력 쇼다. 흥미진진해 보였지만 내 취향은 아니었다. 조금 더 걸어가니 이번에는 규모는 작지만 특별한 공연이 펼쳐지고 있다.

공연자는 단 두 사람. 20대 초반쯤 되어 보이는 프랑스인들이었다. 한 사람은 아코디언 연주를 하고, 다른 한 사람은 맨발로 카펫 위에 서서 음악에 맞춰 주먹 만한 유리구슬을 몸을 이용해 굴리고 있다. 신비롭고 몽환적인 분위기다. 관객들은 모두 숨죽이며 공연을 감상하고 있었다. 푸른 눈과 유리구슬이 잘 어울리는 매력적인 공연이었다.

저 멀리 오늘 저녁 펼칠 공연을 홍보하는 팀이 보였다. 공연의 한 토막을 연기하며 아코디언 연주에 맞춰 노래를 부르고 있었다. 커다란 꽃을 단 모자를 쓰고 뱅뱅 도는 안경을 낀 모습으로 거리를 무대 삼아 목이 터져라 홍보하는 모습이 축제 분위기를 한껏 고조시켰다.

좁은 골목을 통과하자 탁 트인 넓은 광장과 거대한 석조 건물이 보였다. 이곳은 세계사 수업을 들은 사람이라면 누구나 한 번쯤 들어본 '아비뇽의 유수'가 일어난 역사적 장소다. 앞에 보이는 거대한 궁전에서 왕의 권력에 무릎을 꿇은 교황이 거의 70년 동안 살았다.

어른 아이 할 것 없이 공연이라는 작은 공간 안에서 함께 몰입해 있는 장면에 괜히 가슴이 벅차올랐다.

음악에 맞춰
주먹 만한 유리구슬을
몸을 이용해 굴리고 있다.

교황의 패배, 아비뇽의 유수

아비뇽의 유수는 왜 일어났을까. 배경을 살펴보자면 이렇다. 중세 시대, 이민족의 침략이 잦은 상황에서 왕은 봉건 영주에게 땅을 내어 주고 봉건 영주는 그 대가로 기사를 제공하는 계약 관계가 성립했다. 반면 농민들은 자신의 가족과 삶의 터전을 보호받기 위해 세금을 내고 부역의 의무를 지게 되었다. 사상적으로는 기독교가 광범위하게 퍼져 사회 전반을 지배하고 있었다. 11세기 말 왕과 봉건 영주들은 성지인 팔레스티나와 성도인 예루살렘을 이슬람교도들에게서 탈환하기로 결정하고 원정길에 나선다.

'십자군 전쟁'이라는 말은 마치 그리스도교와 이슬람교도들의 종교전쟁처럼 보이지만 그 속내는 그렇지 않았다. 봉건 영주와 기사들은 새로운 영토를 원했고, 상인들은 경제적인 이득을 얻기 위해 전쟁을 지원했다. 물론 성지탈환을 진심으로 믿고 참가한 사람도 있었겠지만 핵심은 '부의 약탈'이었다. 이러한 약탈 원정은 11세기 말~13세기 말까지 총 8차례에 걸쳐 계속되었다.

십자군 전쟁을 통해 부는 빠르게 축적됐고 왕권은 강해졌다. 이때 영국과 프랑스에서 백년 전쟁이 일어난다. 프랑스의 필리프 4세는 전쟁에 필요한 세금을 교회도 내야 한다고 주장했다. 이전까지만 해도 왕은 교황의 권위에 도전하기 힘들었지만 부의 축적으로 상황이 달라진 것이다. 교황 보니파티우스 8세는 이에 반발했다가 1303년, 아냐니의 성에 감금된다. 귀족과 주민들의 요청으로 가까스로 교황이 풀려나긴 했지만 왕과의 힘겨루기에서 진 것이다. 몇 주 후 교황이 사망하자 왕은 다음 교황으로 클레멘트 5세를 선출한 뒤 로마가 아닌 프랑스의 리옹에서 교황 즉위식을 거행하고 교황청을 아비뇽으로 옮겨 버린다. 그렇게 해서 1309~1377년까지 7대에 걸쳐 로마 교황청이 아비뇽으로 옮겨진 사건이 바로 아비뇽의 유수다.

구교황청의 프랑스어는 'Palais des Papes'인데 이는 '교황들의 궁전'이라는 뜻이다.

교황들의 궁전 내의 프레스코화

프로방스
-
Provence

세계문화유산으로 등재된 교황들의 궁전

구교황청의 프랑스어는 'Palais des Papes'인데 이는 '교황들의 궁전'이라는 뜻이다. 전에는 연극 축제를 구경하느라 바빠서 그냥 지나쳤다가, 몇 년 뒤 다시 아비뇽을 찾았을 때 내부를 둘러볼 수 있었다.

구교황청은 대성당 4개를 합한 규모로 유럽에서 가장 큰 고딕 양식의 궁전이다. 1335년 베네딕트 12세 Benedict XII 때 만들기 시작해 클레멘트 6세 Clément VI 때 완성했다. 1995년 유네스코 세계문화유산으로 등재된 구교황청은 크기가 15,000㎡로 웅장하지만 겉모습과는 달리 내부는 텅 비어 있

교황들의 궁전에서 유일하게 꽉 차 있는 곳은 바로 기념품점이다.

다. 『론리플래닛』에 '방마다 텅텅 비었다'고 쓰여 있는 것을 보고 무슨 뜻인가 싶었는데, 실제로 들어가 보니 덩그러니 껍데기만 남은 형상이다. 20개의 방 중에 그나마 가장 흥미로웠던 곳은 이탈리아 화가인 마테오 지오바네티Matteo Giovannetti의 프레스코화 그림이 있는 방과 궁전의 음식을 만들던 주방 정도라고나 할까.

구교황청의 상단부로 올라가 보았다. 주변에 높은 건물이나 지대가 없어 아비뇽 시내와 론 강 건너편까지 훤히 보였다. 그때 어디선가 폴폴 피어오르는 음식 냄새……. 주변을 돌아보니 한쪽에 식당과 카페가 있다. 이 높은 곳에 식당이라니! 커피라도 한 잔 마시고 갈까 했는데 안타깝게도 점심시간이라 자리가 없었다. 와자지껄하게 떠드는 사람들의 웃음소리만 귀에 담고 돌아서려니 못내 아쉬웠다.

구교황청의 마지막 방은 이제껏 텅텅 빈 20개의 방들과 달랐다. 바로 기념품을 파는 곳이었으니까. 중세 시대와 구교황청, 그리고 아비뇽과 관련한 기념품들이 빼곡히 채워져 있었다. 나는 작은 오르골을 하나 사고 말았지만 이곳에서 가장 유명한 것은 와인이다. 론 강 주변에서 생산하는 포도로 빚은 와인은 워낙 유명해 아비뇽 관광청에서 교황청 투어와 함께 점심 식사와 와인을 곁들이거나, 또는 와인만 테스팅하는 소규모 투어를 운영할 정도다.

프로방스
-
Provence

쓰레기통 위에서 따뜻한 햇살에 늘어진, 영락없는 고양이다.

모든 이들과 함께 호흡하는 행복

구교황청 앞 광장에서도 축제의 열기는 몹시 뜨거웠다. 연극인들은 크고 작은 원을 형성하면서 공연에 혼신을 쏟고 있었다. 반응이 꽤 좋은 곳은 큰 원을 이루었고, 그렇지 못한 곳은 작은 원을 이루고 있다. 가장 많은 사람들에 둘러싸여 있는 곳으로 갔더니 귀여운 프랑스 모자를 쓰고 멜빵바지를 입은 남자가 호루라기를 불며 공연을 하고 있다.

곤봉과 몇 가지 도구를 이용해 던지고 받는 단순한 공연이었는데 사람들의 반응은 열광적이었다. 공연 자체도 재미있지만 관중들과 의사소통을 하는 방법이 대단했다. 관객들의 참여를 유도해 실수를 만들고 웃음을 유발했다. 맨 앞에는 어린 아이들이 올망졸망하게 앉아 있는 모습이 너무 사랑스러웠다. 어른 아이 할 것 없이 공연이라는 작은 공간 안에서 함께 몰입해 있는 장면에 괜히 가슴이 벅차오른다.

공연이 마무리되자 청년은 프랑스어와 영어로 말했다.

"공연을 즐겨 주셔서 감사합니다. 이 일은 제 직업입니다. 공연이 즐거우셨다면 제가 커피 한 잔을 마실 수 있게 도와주세요. 커피는 2유로랍니다."

이 말이 떨어지자마자 어린 아이부터 할아버지, 할머니까지 모두 너 나 할 것 없이 바닥에 놓인 모자 안에 동전을 넣기 시작했다. 어찌나 사람이 많던지 돈을 넣기 위해 줄을 서야 할 지경이었다. 모자 안에 쌓인 돈은 얼추 몇 백 유로는 되었을 듯싶다. 아마 이런 공연을 매일 했으면 그 청년은 지금쯤 백만장자가 되지 않았을까.

공연이 끝난 장소 바로 옆에서는 흰색 바지와 브래지어만 입은 여성이 쓰레기통 위에 앉아 상반신을 축 늘어뜨리고 있다. 그 모습을 자세히 살펴보니 꼭 고양이 같다. 얼굴에 한 분장도 그렇고, 햇볕에 꼼짝없이 늘어져 있는 모습이나 느릿느릿하다가 순간 빨라지는 몸동작도 영락없는 고양이다. 엄마 손을 잡고 가던 아이가 캔디를 주니 달콤한 듯 야옹 소리를 내며 핥아먹기까지 한다.

도시 전체는 축제의 장으로 변하고, 사람들은 그 안에서 하나가 됐다. 사람들의 열정으로 도시는 점점 뜨거워지고, 뜨거워진 도시의 공기는 또다시 사람들 심장 속으로 스며든다. 사람들은 살아있음을 마음껏 즐기고 있었다.

Inside - France

아비뇽 축제(Festival dAvignon)의 역사

아비뇽 축제는 1947년 연극배우이자 무대감독인 장 빌라르(Jean Vilar)가 '아비뇽에서 예술 주간을!'이라는 슬로건 아래 연극 3편을 올리며 시작되었다. 이때는 겨우 한 개 팀만 참가했다고 한다. 그러다 1964년부터 연극, 드라마, 발레 등 모든 예술 분야로 범위가 확대되면서 유럽의 연극과 공연 팀들이 모여들었다. 자연스럽게 참신한 팀을 발굴하기 위한 기획자들도 모이면서 오늘날 세계적으로 유명한 예술인들의 축제가 되었다. 20여 일 동안 공연하는 편수만 무려 400편에 이른다.

공연은 크게 두 가지로 나뉜다. 세계적으로 인정받은 주요 극단이 펼치는 ON공연과 그 외의 OFF공연이다. 전통적으로 개막작은 구교황청의 궁전 마당에서 펼친다. OFF페스티벌은 광장, 거리, 노천극장 등에서 펼치는데, 독특하고 실험적인 공연이 많은 편이다. 아비뇽 축제를 세 번 정도 보러 갔는데 우리나라 공연 팀이 펼치는 OFF공연을 가끔 볼 수 있었다.

보통 ON공연은 인기가 많아 티켓 판매 초기에(2~3개월 전) 예매해야 한다. OFF공연인 경우 조금 여유가 있는 편이지만 한 번 입소문이 난 공연은 매진되기 일쑤다. 아비뇽 관광안내소에서 공연 내용과 아비뇽 소식, 그리고 티켓 상황을 알려 주고 판매하고 있으니 적극적으로 이용해 보자.

티켓 가격은 10유로부터 다양하며 만 26세 미만의 학생은 할인을 받을 수 있다. 거리 곳곳에서 무료 공연을 즐길 수 있으니 주머니 걱정은 NO! 축제 기간에 이곳을 여행한다면 꼭 방문해 보자.

*홈페이지 www.festival-avignon.com

프로방스
-
Provence

성 베네제 다리와 아비뇽 구시가지

성 베네제 예배당

성 베네제 다리의 전설

광장 뒤편으로 연결된 좁은 골목길을 따라가니 론 강변과 연결된 성문이 나타났다. 성문 밖으로는 론 강이 유유히 흐르고 있었다. 론 강에는 반쯤 잘린 다리가 있는데 이 다리가 바로 성 베네제 다리Le Pont St Bénezet다. 다리에는 특별한 전설이 있다.

1177년, 베네제Bénezet라는 젊은 양치기가 아비뇽에 도착해 사람들에게 말했다.

"신이 제게 론 강의 중심인 아비뇽에 다리를 건설하라 말씀하셨습니다."

당연히 사람들은 모두 미쳤다고 했다. 뜬금없는 사람이 나타나 신이 다리를 만들라고 했다는 걸 믿을 사람은 없었다. 베네제는 흔들리지 않고 주교를 찾아가 같은 말을 전했다. 주교 역시 제정신이 아닌 사람이라 생각했고, 돌려보내기 위해 이렇게 말했다.

"너의 말이 사실이라면, 분명 신이 너를 돕고 있을 것이다. 이 바위를 옮겨 보아라."

눈앞에 보이는 바위는 사람이 들기 힘들 정도로 거대했다. 베네제는 많은 사람들이 보는 가운데 망설임 없이 돌을 어깨에 메고 론 강으로 날랐다. 사람들은 그제야 베네제의 말을 믿게 되었다. 1184년부터 성 베네제의 다리 공사가 시작되었다.

최초의 나무다리는 로마네스크 양식으로 만들었다. 홍수 때마다 매번 범람하는 지역이어서 자주 보수 공사를 했다고 한다. 그러다 1674년 론 강이 범람해 다리가 완전히 파괴되었고, 지금은 총 22개의 아치 중 4개만 남아 있다.

아비뇽의 유수 때 이곳에 머물던 교황은 다리 중간에 있는 성 베네제 예배당에 들러 기도를 올렸다. 14세기에는 이탈리아와 스페인의 산티아고까지 연결하는 순례자 길에서 중요한 길목으로 이용하기도 했다.

다리의 모습은 강 건너 산책로에서 보는 것이 가장 아름답다. 날이 어둑어둑해지는 것을 보니 시간이 늦었다. 아를로 떠나야 할 시간이다. 걸어온 곳을 되짚어 기차역으로 향하는데 길거리에서 파티가 벌어지고 있었다. 브라질의 카포에라 공연이다!

15~16세기 대항해 시대 때 유럽인들이 남미를 정복하면서 노예가 필요했는데, 그때 아프리카에서 브라질로 끌고 간 노예들이 만든 격투기가 카포에라다. 격투기라고는 하지만, 신 나는 타악기 소리에 맞춰 춤을 추는 것 같다. 움직이는 모습은 우리의 태껸과도 조금 비슷한데 동작이 더 큼직큼직하고 역동적이다.

이 모습을 구경하는 주변 사람들도 악기 소리에 맞춰 춤을 춘다. 아……. 저렇게 즐기다 보면 그때 그 남자의 말처럼 정말 밤을 새겠구나. 아비뇽의 축제는 밤을 잊는다.

프로방스
-
Provence

로마인들의 놀라운 과학
퐁 뒤 가르 Pont du Gard

—

　어느 날, 도서관에서 로마 시대에 만들어진 건축 사진집을 보게 됐다. 무심히 종이를 넘기던 손은 얕은 강 위에 세워진 웅장한 다리의 모습에 멈췄다. 로마 시대의 건축물이니 당연히 이탈리아 쪽에 있겠구나, 생각했는데 프로방스에 있단다. 게다가 그저 다리인 줄 알았더니 치밀한 과학으로 만든 거대한 수로란다. 알면 알수록 매력이 퐁퐁 솟아났다. 다음 여행에 꼭 들러야 할 지역으로 별표까지 쳐 놓았던 곳이 바로 퐁 뒤 가르다.

　프랑스 남부에는 로마 시대의 유적이 많이 산재해 있다. 조그만 마을에서도 규모가 작은 아레나(원형 경기장)를 쉽게 찾아볼 수 있을 정도다. 물론 여행자들 대부분은 프랑스에서 로마 시대의 유적을 기대하지 않는다. 당연히 로마 시대의 유적이라고 하면 이탈리아의 로마가 가장 규모가 크고 진면목을 볼 수 있는 곳이니 말이다. 하지만 이탈리아가 아닌 나라에서 로마 시대의 유적을 만날 때면 거대 제국을 이루었던 로마의 힘이 어디에까지, 또 어떤 규모로 뻗쳤는지 살펴볼 수 있어 내게는 흥미롭기만 하다. 퐁 뒤 가르는 아비뇽과 님의 중간쯤에 위치하고 있다. 내가 머무는 아비뇽에서는 하루 네 대의 버스가 있었다. 님도 하루 일정에 포함시킨지라 시간이 빠듯할 것 같아 이른 아침 버스를 타기로 했다.

프로방스
Provence

퐁 뒤 가르 입구

입구에는 카페와 기념품점이 있다.

2천 년을 견뎌낸 과학의 힘

운전사 아저씨는 40분 정도 한적한 시골길을 거칠게 달리더니 허허벌판인 커다란 도로 한가운데에 차를 세웠다. 그러더니 나를 보고 내리라고 한다. 영어가 통하지 않아 불안한 마음에 "퐁 뒤 가르?"를 반복하자, 아저씨는 손으로 한 방향을 가리킨다. 저쪽으로 걸어가라는 뜻이다. 허허벌판에 발을 내려놓자마자 버스는 횡하니 떠났다. 여기가 정말 맞나 걱정이 밀려왔지만 가르쳐준 방향으로 걸었다. 다행히 저편에 커다란 간판이 보였다.

퐁 뒤 가르는 '강Gard의 다리Pont'라는 뜻으로 BC 19년 무렵 아우구스투스 시대에 건설한 거대한 규모의 수로 겸 다리다. 아그리파Marcus Vipsanius Agrippa 지휘 하에 만들어졌으며 강에서 50km 떨어진 님Nim, 당시의 이름은 Nemausus까지 무려 5백 년 동안 물을 공급했다. 중세 시대에는 다리 용도로만 사용되다가 1985년 유네스코 세계문화유산으로 등재되었다.

총 길이가 275m, 높이는 49m로 그 규모만 해도 어마어마하다. 자세히 살펴보니 가장 아래쪽에 있는 아치가 제일 크고 위로 올라갈수록 크기가 작아지는데, 3단으로 쌓여져 있어 미적으로도 대단히 아름답다. 하단과 중단에 있는 다리는 이동 통로로 사용했고 가장 상단에 있는 다리가 바로 수로로 사용한 부분이다.

정말 놀라운 것은 아무런 동력도 사용하지 않고 1km당 34cm의 경사도를 이용해 님까지 물을 공급했다는 사실이다. 즉, 물이 위에서 아래로 흐르는 중력의 법칙을 이용한 것이다. 100m 눈금자로 표시하기도 어려운 (1mm의 3분의 1인) 0.34mm의 아주 미세한 경사도라니! 또한 6톤까지 나가는 돌을 옮겨서 건설한 것도 불가사의하다. 물론 수천 명에 이르는 노예들의 피와 땀으로 이룩한 것이지만, 수로를 만들면서 아름다움과 기능성을 함께 담아낸 로마인들의 과학에는 놀라움을 감출 수 없다.

　실제로 본 퐁 뒤 가르는 책보다 훨씬 탁 트인 경관을 자랑했다. 다리 아래로 흐르는 강과 주변 산자락에 둘러싸인 모습이 잘 어우러져 매우 아름다웠다. 시간이 좀 지나니 다리 주변에 물놀이를 하러 온 가족과 당일치기로 놀러 온 사람들, 도시락을 함께 먹는 연인들, 유치원생쯤 되어 보이는 어린 학생들의 모습이 보였다. 나도 친구들과 함께 김밥을(가능하다면) 싸서 놀러 오고 싶다.

　혹시나 해서 샌드위치를 쌌는데 따로 음식을 준비하지 않아도 괜찮겠다는 생각이 들었다. 퐁 뒤 가르로 가기 전, 정문이라고 할 수 있는 곳에 주차장과 커다란 현대식 건물이 있다. 이곳에는 퐁 뒤 가르의 역사와 주변 관광지를 소개하는 안내 부스, 화장실, 기념품점 그리고 카페와 식당 등이 있는데, 수려한 경관을 감상하면서 커피를 마시거나 식사를 할 수 있다. 요금은 관광지라 조금 비싼 편이다.

　가장 하단에 있는 다리를 이용해 퐁 뒤 가르를 건너갔다. 가까이에서 보니 아치의 규모가 어마어마하다. 만든 지 2천 년이나 되었는데도 당시 로마인들의 자존심만큼이나 건재한 모습이다. 혹시나 수로로 이용되었던 다리의 최상단부를 볼 수 있을까 싶어 올라가 보았다. 철조망 너머로 수로의 온전한 모습이 드러났다. 다리의 폭이 1.2m로 성인이 수로 안에 서 있을 만한 크기다. 한눈에 보기에도 꽤 많은 양의 물이 님으로 공급되었다는 것을 알 수 있었다. 수로의 규모를 직접 눈으로 보니 정말 굉장하다는 생각밖에 들지 않았다. 이곳까지 올라온 김에 다리를 제대로 조망할 수 있는 전망대까지 걸어가 보기로 했다. 신발이 조금 불편했지만 야트막한 언덕이라 그다지 힘들지는 않았다. 정상에서 바라보는 풍경은 더욱 장관이었다.

가흐동(Gardon) 강에서 바라본 퐁 뒤 가르

물놀이를 하러 온 가족

프로방스
-
Provence

상단부는 다리의 폭이 1.2m로 성인이 수로 안에 서 있을 만한 크기다.

가흐동 강에서 한가로이 카약을 타는 사람들

풍 뒤 가르는 만든 지 2천 년이나 되었다. 요즘 만드는 우리네 아파트들은 20년 이상이 넘으면 무너뜨리고 다시 짓는다는데 이 다리는 2천 년이 지나도 무엇 하나 흠잡을 데가 없다. 1998년 홍수가 났을 때에는 심각한 피해를 입기도 했지만 오랜 세월에도 변하지 않는 위용을 뽐내고 있다. 문득 '문명'이라는 것이 시간이 흐른다고 해서 언제나 과거보다 발전하는 것은 아니라는 생각이 들었다.

검투사와 투우사
님 Nîmes

풍 뒤 가르에서 님으로 가는 버스에 올랐다. 아침과는 다르게 외국인 관광객들이 많이 보이니 마음이 놓였다. 아마 한국을 여행하는 외국인들도 이태원에 가면 마음이 가장 편할 거란 생각이 들었다. 풍 뒤 가르는 나처럼 아비뇽에서 오기보다는 님에서 오는 것이 버스가 더 자주 있다. 대부분의 여행자들은 님에서 왕복해 다녀가는 것 같았다.

님은 BC 28년부터 로마의 식민 도시였다가 BC 45년 아우구스투스 황제 때 확장·건설한 곳이다. 당시 이름은 네마우수스Nemausus로 '샘물'이라는 뜻이다. 로마 제국이 이탈리아와 스페인을 연결하는 '로마의 길'을 건설했을 때 주요 도시 중 하나였다.

당시 50km 북쪽의 강에서 인구 6만 명인 님으로 물을 끌어 오기 위한 계획을 세웠는데, 님에서 20km 떨어진 풍 뒤 가르를 건설하고 500년 동안 물을 공급했다. 나는 지금 수로로 건설된 풍 뒤 가르를 돌아보고 수로의 목적지인 님으로 가고 있는 것이다.

프로방스
-
Provence

완벽하게 보존된 아레나

님은 규모가 제법 큰 도시로 2000년 전 로마 시대 유적을 그대로 간직하고 있다. 보존 상태가 매우 좋은 원형 경기장 아레나Arènes는 아를의 경기장과는 비교할 수 없을 만큼 규모가 크다. 물론 로마의 콜로세움을 본 사람이라면 크기 면에서는 실망할지도 모른다. 그러나 콜로세움을 짓는데 사용한 돌은 중세 시대 때 건축물을 만드는 데 이용하는 바람에 많이 훼손된 반면, 님의 아레나는 규모는 작지만 거의 완벽하게 보존되어 있다.

AD 70년 아우구스투스 황제 때 만든 아레나는 스포츠 경기, 행사장, 공연장, 그리고 잘 알려진 바와 같이 검투사들의 경기 용도로 사용했다. 길이 133m, 폭 101m의 거대한 타원형이며, 2층 높이로 21m에 이른다. 이곳에는 1만 6300명이 들어갈 수 있다고 한다.

현재는 투우 경기장으로 사용되고 있다. 아레나 밖에 있는 광장으로 가 보았더니 유명한 투우사의 동상이 서 있다. 투우사가 투우 천을 양손에 잡고 바닥을 바라보며 서 있는 모습인데, 사람들이 얼마나 손을 잡고 사진을 찍었는지 그 부분만 반짝반짝 윤이 난다.

나는 사람들이 단지 즐거움을 위해 창이나 칼로 소를 잔인하게 찔러 죽이는 투우 경기가 싫다. 투우의 본고장인 스페인에서는 1년에 무려 1만 2천 마리의 소가 희생된다. 일반적으로 생각하는 것처럼 붉은 천을 흔들어 소를 흥분하게 하는 것이 아니다. 소는 색맹이라 붉은색을 인식하지 못한다. 오히려 붉은 천은 관중들을 흥분하게 만들기 위해 사용하는 것이다.

그렇다면 우리가 알고 있는 순하디 순한 소가 무섭게 흥분하게 되는 원인은 무엇일까? 일단 소를 24시간 동안 캄캄하고 좁은 우리에 넣어 불안하게

역대 유명 투우사들과 그들이 입었던 옷을 전시해 놓았다.

만든 후, 갑자기 문을 열어 쏟아지는 햇살과 수천 명의 환호 속에 노출시킨다. 갑자기 바뀐 환경에 소는 당황하고 또 흥분하게 되는데, 그런 소에게 약을 올리고 칼로 찌르며 괴롭히는 것이다.

투우는 과거 신에게 바치는 제사에서 시작되었다지만 지금은 다르다. 인간이 동물을 잔인하게 죽이면서 느끼는 야비한 우월감, 결국 아무런 죄 없는 동물을 단지 재미로 살해하는 것을 즐길 뿐이다.

투우는 스페인, 포르투갈, 남프랑스에서만 열리는 것이 아니다. 과거 스페인의 식민지였던 중남미에서도 종종 투우 경기 모습을 볼 수 있다. 한 번은 콜롬비아의 보고타에서 투우 반대 시위자들을 만난 적이 있다. 그들이 들고 있는 잔인한 사진에 충격을 받아 잠시나마 함께 동참했다. 동물들은 대부분 생존을 위해 사냥을 하지만 인간은 재미로 소, 닭, 개 등 다양한 동물을 괴롭히고 죽인다. 나보다 약한 동물을 죽인다는 게 무슨 의미가 있나. 일부러 그러지 않더라도 인간은 정당하지 않은 이유로 동족을 죽인 적이 셀 수 없을 만큼 많다. 성인을 죽이는 것에서 모자라 태어난 지 얼마 안 된 아기나 아이들도 죽인다. 가깝게는 아동학대에서부터 전쟁까지 다양하다. 인간은 스스로 인간성을 지키기 위해 부단히 노력해야 한다.

아레나 내부는 크게 두 가지로 꾸며져 있다. 먼저 로마 시대 검투사들이 싸우는 모습과 무기, 그리고 이 경기가 당시 얼마나 인기가 있었는지를 보여 주는 전시관이다. 1~2층(한국식으로는 2~3층)으로 올라가면 당시 유명하던 검투사들의 이력과 주로 사용한 무기에 대한 설명이 있고 친절하게도 거대한 일러스트까지 그려 놓았다. 또 다른 곳은 오늘날 투우에 대한 이야기로 역대 투우사들과 이들의 승리 장면, 당시의 영광을 재현하는 의상들을 전시해 놓았다. 로마 시대에 재미를 위해 사람을 죽이던 것에서 소를 죽이는 대상만 바뀌어 그 역사를 전시해 놓은 것이다.

1층에 있는 전시관을 지나 상단부로 올라가면 아레나의 웅장한 모습을 볼 수 있다. 2천 년의 세월이 흘렀는데도 이렇게 튼튼한 골격을 유지하며 오늘날에도 사용되고 있다는 것이 놀랍다. 이 아름다운 건축물이 잔인한 투우 경기장이 아닌 오페라 공연장이었다면 얼마나 좋았을까.

프로방스
-
Provence

아름다운 공연과 만나는 이탈리아의 아레나

실제로 이탈리아 베로나의 아레나는 한 여름 밤의 오페라 공연으로 유명하다. 베로나는 〈로미오와 줄리엣〉의 배경으로 줄리엣의 집과 무덤이 있는 인기 여행지이기도 하다.

　몇 년 전 언니와 함께 공연을 보러 갔다. 40도에 육박하는 더위에 공연 시작 전에 앰뷸런스가 달려오기도 했다. 그럼에도 불구하고 로마 시대 유적지에서 오페라를 즐기는 기분이 여간 황홀한 게 아니었다. 공연 시작 직전에 사람들이 라이터나 손전등을 꺼내 환영의 세리머니를 펼치는 모습도 너무 아름다웠고, 우리 앞쪽에 앉은 이탈리아 커플이 바닥에 천을 깔고 피크닉 바구니에서 치즈와 와인을 꺼내 오페라를 보면서 잔을 부딪치는 장면도 낭만적이었다. 오페라의 내용이 무엇인지 제대로 알지는 못했지만 분위기만으로도 충분했다. 그 모든 것이 행복했던 한여름 밤의 추억으로 남았다. 비록 갑자기 내린 소나기에 2부 공연이 취소되고 쫄딱 젖은 채 숙소로 돌아와야 했지만 님의 아레나를 보면서 베로나가 많이 그리워졌다.

아레나

로미오와 줄리엣

줄리엣의 발코니

빈센트 반 고흐의 빛
아를 Arles

나는 런던 내셔널 갤러리에서 반 고흐의 '해바라기'를 실제로 보았을 때 받은 감동을 아직까지도 잊지 못한다. 고등학교 때 미술책에서 반 고흐의 그림을 수없이 보았지만 왜 이리 거칠고 불편할까 하는 생각뿐이었다. 특히 '감자 먹는 사람들' 그림을 보았을 때 느낀 우울함이란 이루 말할 수 없었다.

어쩌면 그래서 내셔널 갤러리의 해바라기가 더 감동적으로 다가왔을지도 모른다. 벽에 걸린 해바라기는 내게 이렇게 말하는 것 같았다. '미술책에서 본 것과는 정말 다르지? 이것이 사람들이 그림을 책으로 보지 않고 직접 미술관에 와서 보는 이유란다.'

그 당시 내셔널 갤러리에 가게 된 이유는 당시 푹 빠져 있던 클림트의 그림을 보기 위해서였다. 클림트의 그림을 찾아 헤매다 우연히 눈에 띈 그림이 바로 '해바라기'였는데, 정말이지 한동안 얼어붙은 상태로 서 있었다.

액자 속에 가득한 그 찬란한 노란빛이라니! 신기한 마음에 멀리서도 보고 가까이 다가가서 보기도 했다. 고흐의 붓 터치를 면밀히 보고, 해바라기는 몇 송이인지, 고흐의 사인은 어떤지 자세히 또 자세히 볼 수밖에 없었다. 가까이서 보면 저렇게 거친데 어떻게 이렇게 밝고 아름답고 또 부드러운 느낌을 줄 수 있을까?

개인적인 생각이지만, 나는 고흐의 그림이 가수 안치환의 노래와 매우 비슷하다고 생각한다. 안치환의 음색은 대단히 힘차고 거친데 신기하게도 동시에 따뜻하고 부드러운 느낌을 지니고 있기 때문이다. 하지만 생김새는 많이 다르다. 안치환은 푸근한 옆집 아저씨 같고 고흐는 예민하고 내성적인 외모를 지녔다.

그날 이후, 한국으로 돌아오자마자 반 고흐의 삶과 그림들을 공부하기 시작했다. 스토커처럼 집요하게 고흐의 삶을 좇았다고 하는 게 맞겠다. 그리고 수년에 걸쳐 이 화가의 그림을 볼 수 있는 미술관과 관련한 지역을 다녀오게 되었다.

프로방스
-
Provence

내셔널 갤러리의 '해바라기'

불행한 빈센트 반 고흐의 삶

20세기 최고의 화가로 손꼽히는 피카소는 20대의 젊은 나이에 미술계에서 성공해 수많은 여인과 사랑을 나누며 부유한 생활을 했다. 반대로 반 고흐는 사람들 사이에서 항상 꺼려지는 사람이었고, 27세의 늦은 나이에 그림을 시작해 살아생전에는 제대로 된 평가를 받지 못했다. 그러다 사망한 지 11년이 지난 후에야 전시회에서 주목을 받기 시작했다.

1990년에는 '가셰 박사의 초상'이 영국 런던의 경매회사 크리스티즈에서 일본의 제지 사업자 '료에이 사이토'에게 8,250만 달러(한국 돈으로 약 1조 31억 원, $1=1,250원 기준)에 판매되어 당시 세계 최고가 기록을 세우기도 했다. 고흐가 살아 있을 때 판매된 그림이 고작 한 점뿐이라는 사실이 정말 아이러니하다. 고흐가 남긴 작품은 모두 870여 점의 그림과 1,011여 점의 습작으로, 27세에 그림 공부를 시작해 37세에 자살로 생을 마감할 때까지 10년이라는 짧은 시간 동안에 작업한 것이다.

빈센트 빌럼 반 고흐Vincent Willem van Gogh, 1853~1890년는 네덜란드 남부 쥔더르트Zundert에서 3남 2녀 중 맏아들로 태어났다. 할아버지와 아버지가 개신교 목사였던 탓에 종교적인 분위기가 강했으며, 미술에 재능이 있는 집안이기도 했다. 1860년부터 가톨릭 기숙사 학교에 다녔지만 적응하지 못해 집에서 1년간 가정교육을 받았다. 그 뒤에는 집에서 32km쯤 떨어진 학교에 다녔지만 역시 적응하지 못했다.

16세가 되자 삼촌의 권유로 헤이그에 있는 구필 화랑에서 일하기 시작해 런던과 파리에서 근무했다. 하지만 고흐는 신학에 빠지기 시작했고, 종종 그림을 구입하러 온 손님들과 언쟁을 벌이다 해고당하고 만다. 그 후 신학자의 길을 걷기 시작하는데 영국에서 견습교사 생활을 하다가 신학 공부를

프로방스
-
Provence

가셰 박사의 초상

반 고흐를 테마로 한 술

위해 암스테르담으로 간다. 공부를 마치고 벨기에의 남서부에 위치한 광산촌 보리나주Borinage에서 평신도 설교자가 되지만 자질이 부족하다는 이유로 6개월 뒤 해고된다. 그 뒤로 무보수로 일하며 목탄화를 그리기 시작했다.

　1880년에는 동생 테오의 권유로 그림을 시작했다. 잠깐 동안 헤이그에서 그림 수업을 받기도 했다. 그러다가 고흐에게 사랑이 찾아왔는데 사촌에게 사랑을 고백했다가 퇴짜를 맞았고, 이후에는 창녀와 결혼하려다 가족의 반대에 휩싸였다. 또 다른 시련으로는 1885년에 벨기에 안트베르펜에 있는 미술 학교에 입학하지만 몇 개월 후 퇴학당하고 만다.

　이쯤 되면 사람들은 누구나 가슴이 답답해짐을 느끼게 된다. 어렸을 때부터 사람들과 어울리지 못하고 항상 사람들과 사회가 거부한 사람, 종교계에서조차 외면한 사람……. 아마 우리 주변에도 이런 사람이 있을 것이다. 고흐도 그랬다.

프로방스
-
Provence

누에넌의 고흐의 집

파리 몽마르뜨의 반 고흐의 집

누에넌에 세워진 고흐의 동상

누에넌에서 아를까지

고흐는 네덜란드의 누에넌Nuenen에서 1883~1885년까지 머물며 초기 작품들을 그렸다. 이곳에서 그린 '감자 먹는 사람들'은 테오에게 보낸 편지에 자신의 첫 작품이라고 썼을 정도로 의미 있는 그림이었다. 고흐는 2년 동안 이곳에서 그림 194점, 드로잉 313점, 수채화 25점, 스케치 19점을 그렸다. 목가적인 분위기의 누에넌에 가면 반 고흐의 스케치를 볼 수 있으며 그림을 그린 건물과 장소들을 따라갈 수 있는 5km 걷기 코스가 있다.

동생 테오가 있는 파리로 이사하면서 드디어 2년 동안의 파리 생활이 시작된다. 당시 예술가들의 요람이라 할 수 있는 몽마르뜨에 살면서 미술 수업을 받고, 인상파 화가들과 어울리며 많은 영향을 받지만 시간이 흐를수록 점점 혼자 있는 시간이 많아졌다. Rue Lepic 54번지. 입주자가 있어 건물 안으로 들어갈 수는 없지만 지금도 테오와 고흐가 살던 건물이 남아 있다.

파리에서 고립된 생활을 하던 고흐는 남프랑스의 아를Arles로 떠났다. 그리고 1888~1889년까지 밝고 보색적인 분위기로 가득 찬 주옥같은 그림들을 특유의 필체로 그리기 시작했다.

나는 가 본 적도 없는 아를에 한동안 매료되었다. '도대체 어떤 곳이기에 이런 아름다운 그림을 그릴 수 있었던 것일까?' 몹시 궁금했다. 그리고 아를을 향해 떠났다. 색채의 변화가 시작된 곳, 1800년대 후반에 사용되기 시작한 찬란한 노란색의 근원지를 찾아서.

찬란한 노란빛의 도시, 아를

"너도 알고 있겠지만, 과거에 이런 행운을 누려 본 적이 없다. 이곳의 자연은 정말 아름답다. 모든 것이, 모든 곳이 그렇다. 하늘은 믿을 수 없을 만큼 파랗고, 태양은 창백한 유황빛으로 반짝인다. 천상에서나 볼 수 있을 듯한 푸른색과 노란색의 조합은 얼마나 부드럽고 매혹적인지. 도저히 그렇게 아름답게 그릴 수 있을 것 같지는 않지만, 그 광경에 어찌나 열중했던지 규칙 따위는 조금도 생각하지 않은 채 그림을 그리게 되었다."
『반 고흐가 동생 테오에게 보낸 편지』 중

아를은 아주 작은 마을이었다. 기차역에서 나와 조금 걸어가면 분수가 있는 원형 도로가 나오고 건너편에 아비뇽보다 규모가 작은 성문이 보인다. 성문 쪽에서 건너편을 바라보면 고흐가 그린 '노란 집 La Maison Jaune'과 굴다리의 모습도 보인다. 이곳에서 고흐는 미술공동체를 꿈꾸며 여러 화가들에게 초대하는 편지를 보냈다.

성문을 통과해 카페와 호텔들이 늘어선 길을 걷다 보니 눈앞에 아레나가 나타났다. 프로방스풍의 마을을 생각하며 왔는데 로마 시대의 유적을 보자 조금은 낯설었다. 지금도 투우 경기장으로 사용하고 있는지 3월과 5월에 투우 경기가 열린다는 게시물이 걸려 있다.

나중에 알게 된 것이지만, 아를은 로마 시대 유적을 잘 보존하고 있는 곳으로도 유명하다. AD 90년에 만든 원형 경기장 아레나와 1세기에 만든 로마 극장, 4세기에 만든 목욕탕, 그리고 로마 시대에 만든 무덤 알리스깡 Alyscamp까지. 이런 이유로 1981년 유네스코 세계문화유산으로 등재되었다.

아레나 주변에서 반 고흐의 발자취를 따라가는 작은 자료집을 하나 구입

'노란 집'의 실제 모습

노란 집

프로방스
-
Provence

아름다운 아를 시내

아레나에서 본 전경

했다. 아를의 지도에 고흐가 그림을 그리던 곳이 잘 표시되어 있다. 자료집과 더불어 아를 관광청에서 제작해놓은 반 고흐가 화구를 들고 걸어가는 뒷모습이 그려진 노란색 화살 표시를 따라가 보기로 했다. 고흐와 관련한 모든 지역을 돌아볼 수 있게 만들어 두었다.

아를은 고흐의 그림처럼 찬란한 빛으로 가득했다. 작고 고즈넉한 로마 시대 유적이 있는 마을. 눈부신 빛과 시리도록 파란 하늘, 프로방스 특유의 주황색 기와지붕이 어우러져 한눈에 보아도 남부러울 것 없는 풍요로운 마을이다. 고흐는 아를을 사랑했다. 일부러 밝은 느낌의 색을 사용한 것이 아니라 아를의 풍부한 빛과 색이 단번에 고흐의 눈을 사로잡았던 것이다. 단지 이 풍경을 자신의 주관적인 인상으로 그림 속에 담아낸 것이었다.

가장 유명한 곳인 에스빠스 반 고흐 Espace Van Gogh로 가 보았다. 이곳은 고갱과 다툼한 끝에 귀를 잘라 버린 고흐가 머무르던 병원이다. 지금은 문화 센터로 이용되고 있는데 여름철이 되면 고흐가 그린 '아를 병원의 정원 Le Jardin de la Maison de Santé'처럼 형형색색의 꽃이 피고 음악 공연이 열린다. 건물 내에서는 고흐와 관련한 우표, 거울, 컵받침대 등 기념품들과 프로방스 특산물인 라벤더를 이용한 제품들을 판매하고 있다.

알리스깡 Alyscamp은 고흐뿐만 아니라 고갱 등 여러 화가들이 소재로 삼은 곳이다. 한국인들에게는 잘 알려지지 않은 장소지만 라틴어의 'Elisii Campi'에서 나온 말로 '샹제리제 Champs-Élysées', 즉 '천국의 들판'이라는 뜻이다. 이곳은 로마 시대에 네크로폴리스 Necropolis, 묘지였으며 중세 말까지 기독교 묘지로 사용했다. 서구에서 가장 큰 고대 기독교 공동묘지로 손꼽히는데 1천 년의 역사를 지닌 유서 깊은 곳이다. 또한 스페인의 산티아고로 가는 순례자 길의 출발지이기도 하다. 19세기에는 기차와 운하 공사로 훼손

프로방스
-
Provence

알리스깡

반 고흐의 흔적은 아를 전역에 남아 있다.

고흐가 그림을 그렸던 장소에는 어김없이 안내 패널이 세워져 있다.

되기도 했지만, 현재는 유네스코 세계문화유산으로 등재되어 보호를 받고 있다.

아를에서 유일하게 버스를 타고 가야 하는 '개폐교 Le pont de Langlois'는 관광안내소 근처에 있는 버스 정류장에서 1번 버스를 타면 된다. 버스에서 내린 후에도 1~2km쯤 걸어가야 하니 조금은 먼 곳이다. 걸어가면서 누가 여기까지 올까 싶었는데 개폐교에 도착하자 고흐의 인기를 실감했다. 여러 사람들이 고흐가 그리던 각도 그대로 옹기종기 앉아 그림을 그리고 있었다.

밤이 되자, 하루 동안 가장 아껴 둔 장소로 가 보았다. 현재도 여전히 카페로 운영하고 있는 '밤의 카페 테라스 Le Café, le soir'다. 좁은 골목을 지나자 자그마한 광장이 나오고 광장 주변에는 카페와 레스토랑이 밀집해 있다. 식사하는 사람들의 이야기와 음악 소리가 어우러져 아를의 밤은 기분 좋게 술렁이고 있었다.

밤의 카페는 그림에서처럼 온통 화려한 노란색 모습을 그대로 간직하고 있었다. 지금은 반 고흐 카페 Van Gogh Café가 이곳의 이름이 되었다. 처음에 갔을 때 이곳에서 식사를 했는데 다른 카페보다 좀 더 비싸고 음식 맛도 별로였다. 몇 년 후에 다시 가 보니 반 고흐 카페를 제대로 보기 위해서는 바로 옆 식당에 앉는 것이 좋다고 한다. 아니나 다를까. 예전에 앉을 자리도 없던 반 고흐 카페는 텅텅 비어 있고, 바로 옆 식당에 사람들이 훨씬 많다.

여전히 카페로 운영되고 있는 '카페 반 고흐'

아를에서 유일하게 버스를 타고 가야 하는 '개폐교'

프로방스
-
Provence

밤의 카페 테라스

론 강의 별이 빛나는 밤의 배경

론 강의 별이 빛나던 밤

숙소로 돌아가는 길에 론 강변을 따라 걷기로 했다. 고흐는 이곳 선착장에서 '론 강의 별이 빛나던 밤Le nuit étoilée sur le Rhone'을 그렸는데 돈 맥클린Don Mclean의 「빈센트」라는 노래를 들으면 더욱 낭만적인 느낌이 드는 곳이다. 예전에는 이곳에서 돈 맥클린의 노래를 불러 주는 남자에게 청혼을 받는다면 얼마나 좋을까 하는 상상을 하기도 했다. 생각보다 주변이 어두워 강변의 가로등을 따라 선착장까지 조금 빠른 걸음으로 걸었다.

고흐가 그림을 그리던 각도를 찾아 선착장에서 사진 몇 장을 찍고 올라오는데 어디선가 빈센트의 음악 소리가 들려온다. 소리가 나는 방향을 쳐다보니 미국인 여자 세 명이 어깨동무를 하고 이쪽으로 걸어오고 있다. 흔들리는 걸음걸이나 손에 든 와인 병을 보니 한껏 취해 있다. 아를의 낭만을 제대로 만끽하고 있는 것 같아 나도 모르게 웃음이 났다. 그들은 가까이 오더니 고흐의 그림을 발견하고는 자리를 잡고 앉았다. 그리고 다시 돈 맥클린의 노래를 부르며 론 강을 바라보았다. 나도 마음속으로 노래를 따라 부르기 시작했다.

Starry starry night(별이 빛나는 밤)
……
now I understand(지금은 이해해요)
what you tried to say to me(당신이 무슨 말을 하려 했는지)

별빛이 내려앉은 론 강, 고흐의 그림 그리고 맥클린의 노래……. 낭만적인 밤이다.

TIP   반 고흐의 그림을 볼 수 있는 주요 미술관

1. 네덜란드, 암스테르담의 반 고흐 뮤지엄 Van Gogh Museum
고흐의 동생인 테오의 아들은 1960년 반 고흐 재단을 설립했다. 그리고 소장하고 있는 작품 800여 점을 반 고흐 미술관을 지어 주는 조건으로 네덜란드 정부에 영구 대여했다. 1973년에 개관해 다른 미술관들에 비해 오래되지는 않았지만, 세계 최대의 반 고흐 작품을 소장한 미술관이다. 고흐는 10년 동안 총 870점의 그림과 1011점의 스케치, 800여 통의 편지를 남겼다. 네덜란드에만 600여 점이 있고, 그중에서도 반 고흐 미술관이 200점의 그림과 600점의 드로잉, 700통의 편지를 보관하고 있다고 하니 과연 세계 최대라고 할 만하다. 이곳은 연간 150만 명이 찾는 곳이다.
*홈페이지 www.vangoghmuseum.com

2. 네덜란드, 크뢸러-뮐러 박물관 Kröller-Müller Museum
반 고흐의 작품을 세계에서 두 번째로 많이 소장하고 있는 미술관으로 278점의 작품을 보유하고 있다. 미술관은 호헤 플루 국립공원 안에 있는데 공원은 암스테르담 출신의 성공한 기업가 크뢸러 뮐러(Kröller-Müller) 부부의 사유지였다가 1938년 국가에 기증했다. 박물관 설립자인 헬렌 크뢸러 뮐러 부인은 예술 애호가로 반 고흐의 작품을 좋아해 평생 동안 고흐의 작품을 수집했다고 한다. 미술관까지 가려면 무료 자전거를 이용해야 하는, 조금은 색다른 곳이다. '밤의 카페 테라스', '프로방스의 시골길', '개폐교', '씨 뿌리는 사람', '우체부 조셉 룰랭', '자화상' 등을 볼 수 있다. 고흐의 작품 때문에 이 국립공원을 '반 고흐의 숲'이라 부르기도 한다. 박물관 옆에는 유럽 최대 규모의 야외 조각공원인 빌덴 공원(Beeldenpark)도 있다. 고흐의 작품뿐만 아니라 쿠르베, 쇠라, 피카소, 몬드리안 등의 작품을 감상할 수 있다.
*홈페이지 www.hogeveluwe.nl

3. 프랑스, 파리의 오르세 미술관 Musée d'Orsay
'자화상', '아를의 침실', '론 강의 별이 빛나는 밤', '오베르의 교회' 등 23편의 작품을 소장하고 있다.
*홈페이지 www.musee-orsay.fr

4. 영국, 런던의 내셔널 갤러리 National Gallery
'해바라기'와 '사이프러스와 밀밭' 등 6점의 작품을 소장하고 있다.
*홈페이지 www.nationalgallery.org.uk

5. 미국, 뉴욕의 현대미술관 MOMA
'별이 빛나는 밤' 등 6점의 작품을 소장하고 있다.   *홈페이지 www.moma.org

크뢸러–뮐러 박물관

뉴욕의 현대미술관

위 파리의 오르세 미술관 **아래** 암스테르담의 반 고흐 뮤지엄

반 고흐의 요양소
생 레미 데 프로방스 Saint-Rémy de Provence

—

고흐는 귀를 자른 사건으로 아를에서 치료를 받다 생 레미의 요양소로 향한다. 마을 사람들이 고흐를 경계하는 바람에 더 이상 지낼 수 없었기 때문이다. 그리고 생 레미에서 정신병 치료를 받으며 1889~1890년까지 2년 동안 '별이 빛나는 밤'과 '사이프러스와 밀밭' 등의 그림을 그렸다.

아를에서 생 레미까지 가는 버스가 있었다. 그런데 버스 시간표를 보니 아침, 점심, 늦은 오후로 하루에 단 세 번뿐이다. 생 레미에서 돌아오는 버스 시간 역시 좋지 않아 오전에 일찍 갔다가 오후 4시 무렵 차를 타고 돌아오는 방법밖에 없었다.

버스를 타고 45분쯤 가자 생 레미의 중심가에 도착했다. 내리자마자 구시가지 골목길로 들어서니 이곳에도 아를처럼 반 고흐와 관련한 지도와 고흐가 그린 그림 패널이 세워져 있다. 관광안내소가 문을 닫아 마을 지도를 구하지는 못했지만 이 루트를 따라가기만 해도 되니 그리 불편하지는 않았다.

루트를 따라 사이프러스나무가 보이는 산 쪽으로 향했다. 구시가지를 빠져나와 오르막길로 접어드니 정원이 넓은 집들이 쭉 연결되어 있다. 오르막

반 고흐의 자화상

길 초반에 '별이 빛나는 밤'을 그렸던 장소를 발견했는데 그림 속 풍경을 전혀 느낄 수 없어 실망하고 말았다. 또 그림 패널이 세워진 곳마다 높은 담장이 쳐 있는 모습이 아를과는 전혀 다른 분위기다. 아마 관광객들이 사생활을 침범하는 것을 원하지 않기 때문이리라.

산 바로 아래까지 올라가니 드디어 고흐가 머물던 요양소가 나타났다. 입구에서 메인 건물까지 좁고 길게 이어진 담에 꽤 규모가 큰 그림들을 띄엄띄엄 걸어 놓았다. 그리고 고흐의 동상이 나타났다. 기존에 자주 본 화구를 든 모습과는 달리 해바라기를 소담스럽게 든 모습이 편안해 보인다.

정면에는 작은 성당이 있고, 오른쪽에 위치한 건물 내부는 단출하다. ㅁ자 형으로 지은 건물 가운데에는 정원이 있고, 2층에 올라가자 고흐가 머물던 칙칙한 분위기의 방이 보인다. 앙상한 철제 침대와 나무로 만든 의자, 그리고 이젤이 놓여 있었다. 다른 쪽 방에는 휠체어와 철제 욕조가 있는데 이 욕조는 목욕용이라기보다는 치료용으로 사용되었다. 당시에는 정신 질환자들에게 오늘날에는 이해할 수 없는 방식으로 치료를 많이 했는데, 그중에 하나가 차가운 물에 몸을 담그게 하는 것이었다고 한다.

창밖에 양귀비와 라벤더가 가득 피어 있는 것이 보여 다시 내려갔다. 문 앞에 섰는데 세찬 바람 때문에 열기가 힘들다. 맞다, 이곳에 오면 현지 사람들에게 꼭 물어보고 싶은 것이 있었다. 마침 기념품 가게에 일하는 사람이 보여 말을 걸었다.

요양원의 담벼락에 이어지는 고흐의 그림

생 레미 요양원

흐드러지게 핀 양귀비

프로방스
-
Provence

고흐가 머물던 요양소의 방

요양소의 치료실

미스트랄은 과연 존재할까?

"안녕하세요. 저는 반 고흐를 굉장히 좋아하는 사람이에요. 한 가지 궁금한 것이 있어서 그런데 질문을 드려도 될까요?"

우아해 보이는 직원은 고개를 끄덕이며 미소를 짓는다.

'별이 빛나는 밤La nuit étoilée'을 보면 하늘이 뱅뱅 도는 느낌이 들잖아요. 어떤 사람들은 이것을 보고 고흐가 미쳤기 때문에 그렇게 보인 거라고 하는데……. 다른 견해를 가진 사람들은 실제로 이곳에 오면 그런 자연현상을 직접 볼 수 있다고 하더군요. 저는 후자의 입장이 궁금한데 그 현상을 '미스트랄'이라고 들었어요. 어떤 것이 맞는 건가요?"

"맞아요, 미스트랄이에요. 미스트랄은 온도가 높고 건조한 바람이죠. 전체적으로 부는 바람이 아니라 좁은 지역에서 불어요. 반 고흐가 미쳐서 그렇게 보인 것이 아니라 미스트랄 때문이 맞아요."

"정말 실제로 볼 수 있는 건가요?"

"나뭇가지나 흙이 바람에 휩쓸리면 보이기도 하고, 주로 느끼는 거죠. 미스트랄이 불면 머리와 옷이 엉망이 되어 버려요. 누구나 이 바람을 맞으면 신경질이 나고 말죠."

그랬구나. '별이 빛나는 밤La nuit étoilée'에 대한 궁금증이 드디어 풀렸다. 역시 반 고흐는 미스트랄을 자신의 느낌을 담아 표현한 것이었다.

언젠가 그림을 보러 뉴욕 MOMA에 간 적이 있다. 유럽이 아닌 곳에서 고흐의 작품을 만나니 새롭고 반가운 느낌이 들었다. 이 그림을 보고 돈 맥클린은 「빈센트」라는 주옥같은 노래를 만들었다지. 내게는 론 강에서 듣는 게

프로방스
Provence

별이 빛나는 밤

생 레미 요양원

PASTIS
JASMIN
HUILE D'OLIVE

생 레미 구시가지

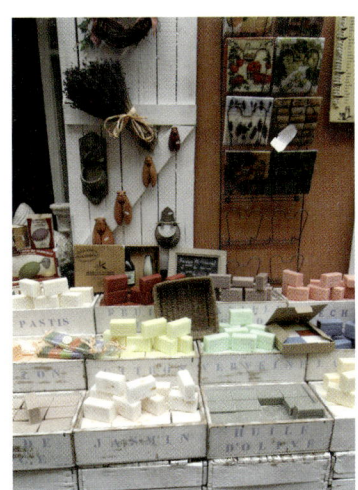

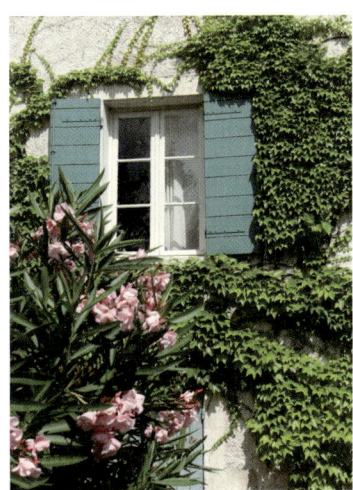

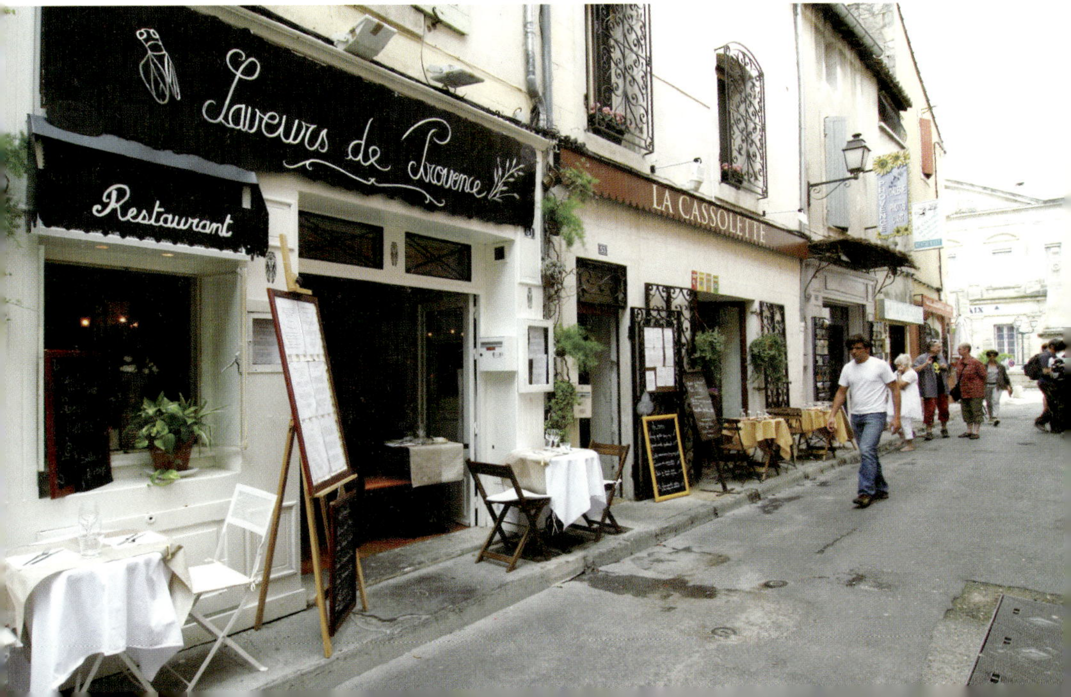
Saveurs de Provence
Restaurant
LA CASSOLETTE

더 감미롭지만…….

미스트랄 탓인지 반 고흐의 증세는 좀체 나아지지 않았다. 오늘날 사람들은 고흐의 증세가 '조울증'일 것이라고 말한다. 예민한 성격의 소유자가 어렸을 때부터 사람들에게 지속적으로 따돌림을 받았다면(사실 고흐의 성격은 급하고 괴팍했다고 한다) 충분히 걸릴 수 있는 병이다. 그림을 그리는 것은 작품 활동이라기보다는 현재의 시각에서 보면 일종의 치료 활동이었고, 미친 듯이 그림을 그렸던 것은 아마도 그 만큼의 고통을 의미한 것이리라.

고흐의 가족 이야기

고흐는 3남 2녀 중 첫째였다. 우울증을 여러 번 겪다 조울증으로 발전해 권총 자살로 생을 마감했다. 파리에서 사는 동안 압생트를 접하게 되는데, 압생트는 독한 술로 화학적 성분 때문에 뇌세포를 죽이는 역할을 해서 판매 금지가 되기도 했던 술이다. 이 술로 간질발작과 정신병이 심해졌다고 한다. 동생인 테오는 고흐가 죽자 6개월 뒤 신장 질환으로 사망했다. 나머지 남동생은 전쟁에 나갔다가 죽었는데 사망 원인은 아직까지 알려지지 않았다. 여동생 중 막내는 35세에 정신 분열로 판명되어 죽는 날까지(87세에 사망) 요양소에서 생활했다.

이런 비운은 오늘날까지 이어졌다. 반 고흐나 막내 동생 슬하에 자녀가 없어 테오의 후손들이 가문을 잇고 있는데, 테오의 아들 중 테오도르 반 고흐는 2차 세계대전 당시 나치 저항 운동을 벌이다 암살되었다. 그리고 테오의 증손자인 다큐멘터리 영화감독, 테오 반 고흐는 학대를 받는 이슬람 여성들에 관한 영화(2004)를 제작했다가 이후 무슬림 광신도에게 살해되고 만다.

2012년 한국에서 '불멸의 화가-반 고흐전'이 열렸다. 이를 참관하기 위해 테오 반 고흐의 증손녀들이 한국을 방문했다. 이들은 고흐의 유명세로 상당한 부자로 살고 있을 것 같지만, 그림들이 모두 국가에 영구 임대된 것이기 때문에 모두 평범한 삶을 살고 있다고 한다. 부유한 삶은 누리지 못하더라도 남은 자손들은 부디 아프지 말고 행복하게 살기를……. 나는 간절히 기도했다.

몽테크리스토 백작의 복수

마르세유 Marseille

―

마르세유는 프랑스에서 둘째로 큰 도시다. 인구수는 파리, 리옹 다음으로 많다. 지중해를 접하고 있는 항구 도시로 알제리, 튀니지, 모로코와 무역이 활발하며 공업도 발달했다. 제2차 세계대전 당시 독일과 이탈리아군의 공격으로 성당과 시청 건물을 제외한 도시 전체가 파괴되었다가 1950년대에 재건됐다. 이런 이유로 오래된 건축물이 잘 보존된 프랑스의 여느 도시들과는 달리 현대적인 분위기가 강하다.

마르세유는 프랑스 남부에 올 때마다 들르던 곳인데 이상하게도 항구까지 한 번도 나가 본 적이 없다. 기차역 밖에 서 있는 현대적인 건물들도 별로 정이 가지 않았지만, 무엇보다 프로방스와 꼬뜨 다쥐르의 작은 도시들이 지닌 매력에 밀려 항상 2순위가 되었기 때문이다.

이번에는 제대로 봐야겠다는 비장한 마음으로 숙소 예약을 시도했다. 그런데 마르세유 내에 저렴한 숙소가 단 한 곳도 없다. 그나마 저렴한 숙소가 작은 마을 호텔이었는데 이곳도 이미 예약이 다 찼다. 도시 외곽에 저렴한 공식 유스호스텔이 있기는 했지만, 이곳 역시 비어 있는 객실이 없었다. 파리 다음으로 큰 도시라면서 숙소는 비싸고 빈 객실은 없다니…….

하룻밤을 묵기로 한 계획을 수정해 아침 일찍 기차역에 짐을 맡기고 주변을 둘러보기로 했다. 마르세유의 기차역은 높은 언덕 위에 있는데 구시가지와 항구가 한눈에 보여 전체적인 전망이 매우 뛰어나다. 반대로 멀리서 기차역을 보면 크고 아름다운 모습 때문에 성당 같은 느낌이 들기도 한다. 기차역에 비치된 시내 지도를 참고해 일단 관광안내소가 있는 항구 쪽으로 걸어갔다.

20분 정도 걸으니 어느새 항구다. 이곳이 프랑스에서 가장 큰 항구라는데, 규모는 크지만 모나코가 더 정돈되고 아기자기한 느낌이다. 요트와 바다, 산책하는 사람들이 눈에 들어온다. 눈부신 하늘 위로 갈매기가 날아다니고 바람이 불 때마다 짭짜래한 바다 냄새가 코를 자극한다. 아, 바다에 왔구나.

왠지 익숙한 느낌이 든다 했더니 우리나라의 부산과 매우 비슷하다. 건물이나 사람들 모습이 같을 리 없지만, 그래도 전체적으로 느껴지는 도시 분위기가 부산과 무척 닮았다. 절로 마음이 편안해진다.

―

프로방스
-
Provence

현대적인 분위기의 마르세유

마르세유 항구

공포의 감옥, 이프 성

관광안내소에서 지도를 받고 몇 가지 정보를 얻었다. 먼저 마르세유에 오면 제일 먼저 보고 싶었던 이프 성에 가 보기로 했다. 항구 쪽에 있는 매표소에서 이프 성으로 들어가는 티켓을 끊는데 젊은 남녀 10~20명이 모여 줄을 서 있다. 얼굴과 머리색만 다를 뿐이지, 꼭 월미도에서 배를 타고 을왕리 해수욕장으로 엠티를 떠나는 우리네 대학생들 같다.

여자들은 고대 그리스 영화에서나 볼 수 있는 민소매의 긴 드레스를 입고 있는데 가슴이 깊게 파였다. 여자인 나도 시선이 가슴으로 향하는데 남자들은 오죽할까.

한참이나 줄을 서서 티켓을 끊고 30분쯤 기다려 배를 탔다. 항구에서도 겨우 3km쯤 떨어진 섬이라 도착하기까지 그리 오랜 시간이 걸리지 않았다. 육지에 있는 노트르담 성당이 가까이 보이는 것을 보니 이프 성을 탈출한 단테스가 충분히 수영해서 건널 수도 있었겠구나 싶다.

이프 성Château d'If은 16세기에 만들어 적의 침입을 막는 요새로 사용하다 19세기에 정치·종교인들을 수감하는 감옥으로 사용했다. 육지에서 철저히 고립된 섬으로 한 번 들어가면 죽기 전에는 빠져나올 수 없다는 무시무시한 공포의 감옥이다.

배 티켓에 이프 성 입장료가 포함된 것이 아니어서 또 한 번 티켓을 사야 했다. 이프 성은 우리가 잘 알고 있는 이야기가 담긴 곳이다. 바로 몽테크리스토 백작! 실제 이름은 에드몽 단테스, 이 젊은이가 억울한 누명을 쓰고 갇혀 있던 곳이다. 이 책의 간략한 내용은 다음과 같다.

마르세유 출신의 젊은 선원인 에드몽 단테스는 곧 결혼할 아름다운 약혼

프로방스
-
Provence

우물을 중심으로 감옥이 배치되어 있다.

몽테크리스토 백작은 엄연한 소설이지만 방 하나를 에드몽 단테스가 갇혀 있던 곳으로 꾸며 놓았다. 벽의 한 곳에는 작은 구멍이 있는데 파리아 신부가 굴을 파 단테스와 소통하던 곳이다.

287

이프 성의 모습

녀가 있고 미래가 촉망되는 젊은이다. 하지만 이를 시기한 친구들의 음모에 빠져 이프 성의 감옥으로 끌려가게 된다. 감옥에서 11년 째 수감 중이던 로마의 파리아 신부를 만나 뛰어난 학식을 배우게 된다. 얼마 후, 신부가 병으로 죽자 신부의 시신 대신 자루 속에 숨어 바다로 던져진 뒤 탈옥에 성공한다. 섬에 수감된 지 14년 만의 일이다. 그리고 신부가 알려 준 몽테크리스토 섬의 보물을 찾아내 손에 넣고 영국의 '몽테크리스토 백작'이 된다. 그 뒤 자신에게 누명을 씌우고 약혼녀를 빼앗은 사람들에게 일일이 복수를 한다는 내용이다.

이프 성은 ㅁ자 모양으로 생겼는데, 가운데에는 우물이 있고 계단으로 올라가면 작은 감방들이 층층이 있는 구조다. 감방마다 이곳에 수감되었던 사람들의 이름과 년도가 표기되어 있는데 내부는 온통 어둡고, 차가운 돌로 둘러싸여 음습한 분위기다. 몽테크리스토 백작은 엄연한 소설이지만 방 하나를 에드몽 단테스가 갇혀 있던 곳으로 꾸며 놓았다. 벽의 한 곳에는 작은 구멍이 있는데 파리아 신부가 굴을 파 단테스와 소통하던 곳이다.

1층에는 기념품 가게가 있고 이프 성의 역사, 뒤마의 연보, 그리고 몽테크리스토 백작의 이야기와 영화 등을 전시하고 있다. 공포의 감옥이던 이곳을 이렇게 유명하게 만든 뒤마의 소설가적 재능이 놀랍기만 하다.

몽테크리스토 백작과 에피소드

『몽테크리스토 백작Le Comte de Monte-Cristo』은 프랑스의 알렉상드르 뒤마Alexandre Dumas père, 1802~1870년가 쓴 소설로 한국에서는 일본어판을 번역한 『암굴왕巖窟王』이라는 제목으로 출간되기도 했다. 책으로 나오기 전에 1844~1846년까지 신문에서 연재한 소설이다. 뒤마의 천재적인 상상력에서 탄생한 복수와 자비, 그리고 치밀한 이야기 전개로 당시의 인기는 가히 폭발적이었다고 한다. 사람들은 소설을 읽기 위해 다음 날 아침 신문을 기다리며 밤잠을 설쳤고, 다음 회가 궁금한 독자들이 신문사에 전화를 거는 통에 업무가 마비될 정도였다는 후문이다.

프로방스
-
Provence

알렉상드르 뒤마

알렉상드르 뒤마의 소설 같은 삶

소설도 흥미진진하지만 알렉상드르 뒤마의 이야기도 몽테크리스토 백작만큼이나 흥미진진하다. 알렉상드르 뒤마의 할아버지는 아이티에서 군인으로 복무했는데 그곳에서 아프리카계 혼혈 여성과 결혼해 뒤마의 아버지를 낳았다. 뒤마의 아버지는 프랑스 혁명 당시 나폴레옹 휘하의 장군으로 복무했고 뒤마가 4세 되던 해에 사망했다.

 귀족 집안이지만 가난했기 때문에 뒤마는 정규 교육을 받을 수 없었다고 한다. 나폴레옹이 프랑스의 황제가 되자 뒤마의 집안은 돌아가신 아버지의 명망으로 귀족들과 친분을 쌓을 수 있었다. 그리고 1822년 왕정복고 후 아버지 친구의 도움으로 루이 필리프 1세 Louis-Philippe Ier 의 궁전 사무실에 취직한다.

안정된 직업을 얻자 뒤마는 잡지에 희곡을 기고하기 시작했다. 발표한 희곡이 인기를 얻으면서 지속적인 작품 활동으로 발전했다. 다양한 희곡을 발표하고 신문에 희곡을 각색한 연재소설을 기고하며 명성을 쌓았고, 인기와 부를 가진 스타의 위치에 오른다.

하지만 사치와 향락에 빠져 방탕한 생활을 하게 된다. 그러다가 자신이 쓴 소설처럼 드라마틱한 사건이 일어나는데 바로 부인에게 이혼장을 받은 것이다. 뒤마는 친구들에게 우쭐대기 위해 허위로 혼인계약서에 부인에게 엄청난 액수의 지참금을 내놓았다고 썼었는데 부인이 이혼과 동시에 이를 반환하라고 청구한 것이었다. 심지어 이자까지 붙여서 말이다. 이혼장을 받은 장소는 마침 큰돈을 투자해서 지은 '몽테크리스토 성'의 신축 기념 파티장이였다. 초대한 손님이 500명이나 되었다고 한다. 뒤마의 부인은 통렬한 복수를 한 것이다. 뒤마는 패소했고 결국 파산하고 만다.

나폴레옹의 집권 후 벨기에로 추방당한 뒤마는 러시아로 떠나 2년간 소설을 쓰며 생활하다가, 이탈리아에서 신문을 발간하며 통일 운동에 힘썼다. 그리고 1864년 다시 파리로 돌아와 말년을 보내다 1870년에 빌레르 코트레 Villers-Cotterêts에 묻혔다. 일생 동안 250편의 소설과 희곡을 남겼다. 그중 『몽테크리스토 백작』은 백여 개의 언어로 번역되었고 23편의 영화로 만들어졌다.

팡테옹과 알렉상드르 뒤마

프랑스 파리의 라틴 지역에 있는 팡테옹Panthéon은 근현대 프랑스에서 위대한 업적을 남긴 사람들이 안장된 곳이다. 루이 15세가 자신의 병이 나은 것을 감사하며 성 즈느비에브Saint Genevieve에게 헌정한 성당으로 1790년에 완공되었다. 하지만 완공된 때는 프랑스의 혁명기였다. 1791년 미라보는 "이 종교적인 신전은 국가의 신전이 되어야 한다. 프랑스의 위대한 사람들이 잠들어 있는 자유의 제단이 되어야 한다."고 말하며 '만신전萬神殿'이라는 뜻의 '팡테옹'으로 개명했다. 그 후 혁명에 공헌한 위인들의 묘지로 사용되었다.

이곳에는 현재 미라보, 볼테르, 루소, 빅토르 위고, 에밀 졸라 등 프랑스를 빛낸 작가와 과학자, 장군, 종교, 정치가들이 잠들어 있다. 팡테옹에 묻히는 것은 국가 최고의 영예이기 때문에 안장되기 위해서는 꽤 까다로운 검증 과정을 거쳐야 한다. 최소한 사후 10년 동안 시민들의 평가를 받아야 하고, 이장되었다 하더라도 문제가 있는 사람은 다시 팡테옹에서 쫓겨나기도 한다.

당시 알렉상드르 뒤마가 이곳에 묻히는 것을 놓고 전 국민적인 토론이 벌어졌다. 뒤마는 『삼총사』, 『철가면』, 『몽테크리스토 백작』, 『여왕 마고』 등으로 대중의 사랑을 받았고, 귀족이며 성공한 사람이었다. 하지만 혼혈이라는 꼬리표가 평생 동안 따라다녔다. 또한 작품의 통속성도 반대 여론의 이유였다. 이 토론의 결론은 최종 결정권을 가지고 있던 당시의 대통령, 자크 시라크가 내렸다. 그 결과 뒤마는 사망한 후 130여 년이 지난 2002년 12월에 팡테옹에 안장되었다.

육로로 마르세유에서 부산까지

니스에 도착한 다음 날, 우연히 숙소 아줌마인 '핑크 레이디(애칭)'의 소개로 한국에 관심이 많은 프랑스 다큐멘터리 작가를 만났다. 이름은 파비앙 아담 Fabien Adam, 니스에서 공부하고 있는 학생이다. 내가 어제 마르세유에서 왔다고 하니 어땠냐고 물어본다.

"마르세유는……. 너는 잘 모르겠지만, 한국의 남쪽에 있는 항구 도시인 부산이랑 비슷해."

이 말이 끝나자 파비앙이 깔깔대며 웃는다. 영문도 모르고 어안이 벙벙해져 있는데 자기가 프랑스를 여행할 때 호스텔에서 만난 부산 남자도 나와 똑같은 이야기를 했단다. 그래서 정말 비슷한지 호기심이 생겨 마르세유에서 부산까지 육로로 여행을 시작했다고 한다. 부산 출신인 한국인 친구와 함께 다큐멘터리로 기록을 하면서 말이다.

6개월이었던가, 여하튼 꽤 오랫동안 여행하며 정말 육로로, 주로 기차를 타고(중국-한국은 안타깝게도 배로) 부산까지 갔다고 한다. 부산에 도착했을 때 정말로 마르세유와 분위기가 비슷해서 놀랐다고! 둘 다 제2의 도시이자 항구며, 수도에서 가장 긴 기차 라인의 종점이고, TGV의 선로가 있다는 점(KTX는 프랑스에서 수입한 TGV). 그리고 사람들의 터프한 성격과 심지어 지형까지 비슷했다며 비로소 부산 남자가 한 말이 사실임을 알게 되었단다.

육로로 여행한 것도 대단하지만, 마르세유와 부산이 정말 비슷한지 확인하러 온 그 프랑스 친구가 참으로 신기했다. 그렇게 만들게 된 다큐멘터리의 우리말 제목은 '마르세유에서 부산까지', 영어 제목은 'Where are you going?(어디로 가세요)'이다. 프랑스에 사는 한국 교민이라면 누구나 한 번쯤 보았을 만큼 유명하다는데 한국에서는 DVD를 구할 수 없어서 아직 보지 못했다.

대신 〈핑크 레이디〉라는 다큐멘터리 CD를 선물로 받았다. 한국인 배낭여행자가 '핑크 레이디'가 운영하는 호스텔에 묵으면서 벌어지는 에피소드를 다룬 짧은 영화다. '핑크 레이디'는 호스텔을 운영하는 할머니로 항상 핑크색 옷을 입고 있어서 그런 애칭으로 불리게 되었다고 한다. 할머니는 호스텔을 운영하는데 영어는 단 한 마디도 하지 못한다. 이 영화는 언어적인 문제에서 발생하는 '오해'와 '이해'의 해프닝을 다루고 있다.

한국 영화와 문화를 좋아하는 파비앙은 한국과 관련한 다큐멘터리를 계속 만들고 싶은데 지원을 받을 곳이 없어 고민하고 있었다. 호기심 가득한 파비앙의 다큐멘터리 〈마르세유에서 부산까지〉가 한국에도 소개되었으면 좋겠다.

그나저나 부산은 왜 마르세유와 우호 도시 협정을 맺지 않는지 모르겠다. 정말 비슷한데 말이다.

마르세유 항구

수려한 알프스의 자연과 맛있는 음식

6
론 알프스
―

론 알프스는 론 강과 알프스 산을 아우르는 프랑스의 지역으로 주도는 리옹이다. 서유럽에서 가장 높은 몽블랑 봉우리가 있는 알프스 산맥을 경계로 스위스, 이탈리아와 접해 있다. 이 주변은 겨울 레포츠로 인기가 높으며 알프스 산과 호수의 빼어난 경관을 즐길 수 있다. 리옹은 프랑스 교통의 중심지로 역사적으로는 로마 시대의 유적이 잘 보존되어 있고, 음식과 축구로 유명한 도시다.

기뇰과 맛있는 프랑스 요리
리옹 Lyon

—

계획에도 없던 폴란드를 여행했을 때다. 폴란드는 즉흥적으로 떠나게 됐는데 그 이유는 이렇다. 여행 중에 만난 폴란드인이 왜 사람들은 폴란드를 춥고 우울한 도시로 생각하는지 모르겠다며 억울한 오명을 토로했던 적이 있다. 나 역시 그러했기에 미안한 마음이 들었고(꼭 한국은 중국과 일본만큼 볼 만한 게 없어 여행에서 뺐다는 얘기를 들었을 때의 억울함처럼), 꼭 가보겠다는 약속을 지키려 폴란드로 날아간 것이다.

글을 쓰면서 생각해 보니 내 여행의 새로운 곳들은 대부분 이런 식으로 시작됐다. 소설이나 영화에 나온 지명으로 떠난다거나, 여행 중에 만난 사람들의 추천으로 방문하게 된 것이다. 이런 여행지에서는 공통적으로 좋은 추억이 생긴다.

그 친구 말대로 바르샤바는 실로 좋았다. 파스텔톤의 아기자기한 집과 인어상이 세워져 있던 아름다운 잠코비 광장은 생기가 넘쳐흘렀다. 서유럽의 반값에 호스텔을 구하고 10여 명쯤 되는 룸메이트들과 인사를 나눴다. 나와 아일랜드인 두 명을 빼고는 모두 남자였는데, 친절하고 재밌는 사람들이었다.

구시가지를 둘러보고 숙소로 돌아오니 같은 방 친구들이 한쪽에 모여 이야기를 나누고 있었다. 그중 눈에 띄는 한 남자……. 그의 머리 뒤로는 찬란한 후광이 비쳤고 얼굴에서는 빛이 났다. 드디어 나도 여행지에서 첫눈에 반한 남자가 나타난 것인가!? 내 심장은 콩닥콩닥 뛰기 시작했다.

그 남자는 조금 전 동생과 함께 도착한 얀이라는 프랑스인이었다. 이야기를 나눠보니 나와 생각이 비슷한 데다 말도 잘 통하고 매력적이었다. 하지만 바로 다음 날 새벽 크라쿠프로 떠난단다. 이틀 뒤 나도 그 도시로 떠날 계획이지만 다시 만날 거라고 장담할 수는 없었다. 그래도 혹시나 하는 기대감에 아일랜드 여자가 크라쿠프에서 최고라며 추천해 준 호스텔에서 다시 만나기로 약속했다.

이틀 뒤 크라쿠프에 도착해 정말 힘겹게 호스텔을 찾았다. 최고라는 추천을 받아서 간 호스텔은 담배 연기와 맥주 냄새에 찌든 파티형 호스텔이었다. 도착했을 때는 아침이었는데 술에 취해 잠든 사람들이 소파와 바닥에 여기저기 널브러진 장관을 연출하고 있었다. 남다른 패션을 추구하던 그녀의 말을 믿는 게 아니었다. 술·담배와 친하지 않은 내게는 기피 대상 1호

론 알프스
Rhônes-Alpes

바르샤바 구시가지의 인어상

의 숙소다. 그래도 얀을 만나게 될 거란 기대감에 체크인을 했건만, 투숙객 명단 어디에도 얀의 이름은 없었다. 찬바람이 심장을 훑고 지나갔다. 체크인 하기 전에 먼저 확인할 걸. 그래, 뭐…… 이런 게 여행이지. 의기소침해진 나는 야간열차의 피로를 풀기 위해 짧은 잠을 청했다. 그리고 몇 시간 뒤에 일어나서 시내 구경을 하러 리셉션을 지나치는데 "Chung, some messages for you(청, 누가 당신에게 메시지를 남겼어)."하고 적혀 있다. 심장이 두근두근……. 그랬다, 얀이었다!

"호스텔을 찾았는데 네가 없네. 11시쯤에 다시 올게."

그렇게 얀을 다시 만났다. 아쉽게도 얀과 단둘이서는 아니었고 숙소에서 만난 일본인과 함께였다. 우리는 바에 갔다가 너무 시끄러워서 카페를 찾아 광장으로 나왔다. 문 닫을 시간이 다가오자 정리하는 카페가 많아졌다. 그런데도 얀은 무언가가 내키지 않는지 카페를 고르지 못했다.

"우리, 그냥 아무 데나 앉자." 내가 말했다.

얀은 코끝을 찡그리며 무언가 생각하는 눈치다.

"도대체 왜 그래? 다 똑같아 보이는 카페인데……."

"그게 말이야. 음……. 초가 없어서 말이야."

일본인 친구와 나는 눈을 마주치며 동시에 말했다.

"초Candle라고?"

"그래, 초!"

"초가 왜 필요한데?"

얀은 탐탁지 않은 듯 미간을 찌푸렸다.

"음……. 초가 없으면 낭만적이지 않잖아."

일본인 친구와 나는 누가 먼저랄 것도 없이 동시에 배꼽을 잡고 웃기 시작했다. 그렇게 한동안 웃다 찔끔 나온 눈물까지 닦으며 손을 들어 웨이트리스를 불렀다.

"저기요, 초가 있나요?"

"네?"

"초를 좀 가져다주세요. 제가 필요한 게 아니라 이 낭만적인 프랑스 남자가 초가 필요하대요."

우리는 그곳에서 오랫동안 '로맨틱'에 대해 이야기했다. 초를 좋아하는 얀 덕분이다. 그리고 낭만적인 밤은 우리의 가슴에 별이 되어 내려앉았다. 다음 날 얀은 예정대로 동생과 함께 다른 도시로 떠났고 나도 동유럽을 거쳐 터키로 이동했다. 한눈에 반한 상대와 여행지에서 뭔가가 있기에는 타이밍도 중요하지만 시간적 여유가 필요하다는 걸 알았다. 우리는 그 후 1년 동안 만날 수 없었지만, 메일과 메신저로 소식을 주고받는 좋은 친구 사이가 됐다.

―

론 알프스
-
Rhônes-Alpes

리옹의 상징인 사자가 조각된 문

푸비에브 노트르담 대성당

리옹에서 얀과의 해후

기차역에 마중 나온 얀은 1년 새 조금 늙긴 했지만 여전히 매력적이었다. 아티스트답게 이번에도 튀는 의상이다. 빨간 파카에 노란색 운동화 차림이다.

얀은 고맙게도 시내의 호스텔을 미리 예약해 주었다. 구시가지 바로 위 언덕에 위치한 곳이었다. 높은 지역 덕분에 전망은 그야말로 최고였지만, 예의라며 내 배낭을 둘러메고 언덕을 올라가는 얀의 이마에는 송글송글 땀방울이 맺혔다.

짐을 맡기고 얀의 안내를 받아 리옹을 둘러보기로 했다. 먼저 호스텔과 가까이에 있는 갈로 로마 유적지로 향했다. 리옹은 BC 43년경 로마의 식민 도시로 세워진 곳이다. 이 도시를 건설하는 과정에서 BC 15년에 대규모 극장인 오데옹 L'Odéon이 만들어졌고, AD 100년에 작은 극장인 쁘띠 오데옹 Petit l'odéon이 만들어졌다. 총 13,000명을 수용할 수 있는 규모로 지금도 다양한 공연이나 행사장으로 사용하고 있단다.

좀 더 올라가니 푸비에브 노트르담 대성당 Basilica Notre-Dame de Fourvière이 나왔다. 리옹에서 가장 높은 곳에 세워진 성당이다. 로마네스크와 비잔틴 양식의 화려하고 웅장함이 돋보이는데 이곳에서 바라보는 리옹 시의 전망이 가장 좋다.

성당을 만들게 된 경위는 이렇다. 당시 리옹 주민들은 프러시아의 군대가 리옹 시를 침략하지 못하게 해 달라고 함께 기도를 했는데 성모 마리아가 이에 응답했다. 정말 해를 입지 않았단다. 리옹 시민들은 이에 감사하는 마음으로 1872년에 대성당을 짓기 시작해 1896년에 완공했다. 한 가지 흥미로운 사실은 리옹 시민들은 이 성당이 너무 화려하다는 이유로 구시가지에

론 알프스
-
Rhônes-Alpes

있는 오래된 성당을 더 선호한다는 것이다. 내 생각엔 너무 높은 곳에 세워진 것도 이유인 것 같다. 푸비에브 성당에서 구시가지까지 산책로가 연결되어 있어 함께 걸어 내려왔다. 구시가지에는 리옹 시민들이 좋아하는 오래된 생 쟝 성당 Cathédrale St-Jean이 있다. 1180~1480년 사이에 지은 성당으로 중세에서 고딕 양식까지 모두 볼 수 있다.

얀은 학교 수업을 받으러 가고 이후부터는 혼자서 리옹을 돌아보기로 했다. 구시가지에 예쁜 미니어처 박물관이 있어 들어가 보았는데 뜻밖의 수확을 얻었다. 미니어처 특수 효과 박물관 Musée Des Miniatures Et Decors De Cinema의 주인이 영화〈향수〉의 미니어처와 세트를 담당했다는 것이다. 건물 안에는〈향수〉에 나온 오래된 향수 가게와 거리 그리고 향수 제조 기계 등이 영화 세트장에 사용한 그대로 재현되어 있어 흥미로웠다.

저녁 때 얀을 다시 만났다. 리옹의 중심 광장인 벨쿠르 광장에 도착하자 보여 줄 것이 있다며 나를 광장 한쪽 구석으로 데리고 갔다. "뭐가 보이게?" 열심히 주변을 훑다 익숙한 이미지를 발견했다. 어린왕자였다. 그곳에는 생텍쥐페리와 어린왕자의 동상이 있었다. 거의 눈에 띄지 않을 만큼 작다. 혼자 왔다면 발견하지 못했을 것이다. 어린왕자를 이곳에서 볼 줄은 생각도 못했는데 행복감이 가슴 속 깊은 곳에서 밀려왔다. 리옹은 생텍쥐페리의 고향이기도 했다.

TIP   **생텍쥐페리**
앙투안 마리 로제 드 생텍쥐페리(Antoine Marie Roger de Saint-Exupéry, 1900~1944년)는 프랑스의 소설가이자 조종사로 프랑스 리옹에서 태어났다. 전쟁 전에는 우편물을 수송하는 항공 회사에 다녔으며, 제2차 세계대전이 일어나자 프랑스 공군에 입대한다. 독일군의 정찰 임무를 수행하다 실종되었는데, 최근에 생텍쥐페리의 비행기가 격추되었다는 증언이 나왔다. 남긴 소설로는 『어린왕자』, 『야간비행』, 『바람, 모래, 그리고 별』이 있다.

영화 〈향수〉에 등장하는 세트

생텍쥐페리와 어린왕자의 동상

론 알프스
Rhônes-Alpes

전식, 리옹식 샐러드

본식, 앙두이렛뜨

후식으로 나온 머랭

맛이라면 역시 부숑이 최고!

리옹은 론-알프스 지방의 주도로 프랑스에서 음식이 맛있기로 유명한 지역이다. 당연히 리옹에 왔으니 이곳 음식을 먹어 봐야 하고, 기대 또한 컸다. 얀에게 리옹만의 특별한 음식을 소개해 달라고 했더니 그렇다면 부숑에 가야 한다며 근처의 먹자골목으로 안내했다.

아기자기한 분위기의 전통 리옹 식당을 부숑Bouchon이라고 한다. 먹자골목은 벨쿠르 광장 근처에 몰려 있는데 벌써 사람들로 북적인다. 리옹이 낯설지만 인기 있는 식당을 찾기는 쉬웠다. 문 밖까지 줄을 서 있는 곳이 바로 맛집이다.

'제일 긴 줄을 고르면 분명 최고의 맛집일 거야. 맛있는 음식을 먹으려면 기다림은 감수해야지.' 내 생각은 이랬지만 얀의 생각은 달랐다. 배는 고팠고 오랜 시간을 기다릴 만큼 음식을 사랑하지 않았다. 한국남자랑 똑같았다! 할 수 없이 먹자골목에 있는 식당 중 적당히 사람이 많은 곳으로 들어갔다.

메뉴판을 들고 무엇을 먹을까 고민하는데, 얀이 리옹의 전통 음식을 찾는 법을 알려 주었다. 바로 'Lyonnais리요네즈'라고 적혀 있는 메뉴 중에서 고르면 된단다. 15~40유로까지 다양한 가격대의 메뉴가 있었고, 알아보기 힘든 단어가 있으면 얀이 도와주었다.

일단 샐러드는 리옹식 샐러드Salade Lyonnais를, 메인으로는 한국의 순대와 비슷한 앙두이렛뜨Andouillette를 주문했다. 샐러드는 신선한 상추, 토마토, 햄 등을 사용해 재료 면에서는 다른 지역과 별반 다르지 않았지만, 위에 삶은 계란을 얹은 것이 특이했다. 물론 다른 지역에서도 계란을 사용하지만 대부분 완숙으로 삶은 계란을 잘라 나온다. 이렇게 삶은 흰자가 프라이와 비슷한 모양으로 나오는 경우는 없는데 새로웠다. 물론 맛도 좋고 드레싱도 훌륭했다.

메인으로 나온 앙두이렛뜨는 한국의 순대보다 굵고 짧았다. 북한식 아바이 순대와 비슷하다고나 할까. 위에 치즈 소스를 얹어 나오는데 음식도 소스도 기름진 편이어서 내가 썩 좋아하는 맛은 아니었다. 함께 나온 데운 야채가 없었다면 많이 느끼했을 것이다.

후식으로는 리옹의 전통 디저트인 머랭(흰자를 거품 내 설탕을 섞어 만든 후식)을 골랐다. 얀이 리옹에서는 메인 요리를 먹은 후 대부분 식후 디저트인 포르마쥬(후식용 치즈)를 먹는다기에 흔쾌히 고개를 끄덕였다. 치즈를 맛보자 잠시 후, 케이크 모양의 머랭에 크림소스와 캐러멜소스를 듬뿍 뿌린 디저트가 나왔다. 맛은 있을 것 같은데, 어쩐지 먹고 나면 살이 5킬로그램은 가뿐하게 찔 것 같은 예감이 드는 그런 비주얼이다. 나처럼 빵과 디저트를 좋아하는 여행자들은 살이 더 이상 안 찌고 한국으로 돌아간 것에 진심으로 감사해야 한다(예전에는 여행 중에 이렇게 많이 걷는데 왜 살이 안 빠지는지 불평했었지만). 한 스푼을 떠서 입안에 넣자 걱정도 잠시, 머랭이 입안에서 사르르 녹아내린다. 기분이 좋아져 하늘로 둥실 떠오르는 것 같았다.

리옹 음식은 소문대로 확실히 맛있었다. 사실 프랑스 음식은 스테이크처럼 별로 간을 하지 않는 단순한 요리나 짠 요리가 많아 지루해지던 참이다. 반면 리옹 음식은 조리 방법이 좀 더 복잡하고 다른 지역의 프랑스 요리보다 간도 잘 맞고 맛있었다.

이날 이후, 프랑스에 갈 때면 음식 때문에 일부러라도 리옹을 찾게 되었다. 디종이 고향인 친구가 음식과 와인은 부르고뉴가 최고라며 추천을 했는데, 다음에는 부르고뉴의 주도인 디종에 가서 음식 맛을 비교해 봐야겠다.

1862년에 만들어진 황금공원

아름다운 추억이 함께하는 황금공원

다음 날, 얀이 리옹 사람들이 가장 좋아하는 곳을 보여 주겠다고 해서 함께 나섰다. 벨쿠르 광장에서 버스를 타고 도착한 곳은 다름 아닌 공원이었다.

황금공원Parc de La Tête d'Or은 1862년에 만들어졌다. 이름이 '황금'인 이유는 예수의 황금 머리가 이 공원에 묻혀 있다는 전설 때문이라고 한다. 얀은 이 공원이 리옹 시민이라면 누구나 좋은 추억을 간직하고 있는 곳이라며 자신도 가장 좋아하는 곳이라고 덧붙인다. 어렸을 때는 아빠와 함께 뛰어놀고, 학교에 다닐 때에는 친구들과 소풍을 오고, 연인과 데이트를 하고, 결혼한 후에 임신한 아내와 산책을 하고, 그렇게 태어난 아이가 또다시 이곳에서 아빠와 뛰어노는……. 그렇게 일생을 함께하는 공원이라고 했다.

다른 공원과 다른 점이 있다면 공원 내에 코끼리, 악어, 기린, 곰, 원숭이

등을 볼 수 있는 동물원이 있다는 것. 유럽의 다른 공원에서는 이렇게 커다란 동물들을 볼 수 없는 데다, 동물원은 당연히 유료다. 상황이 그렇다 보니 '무료 동물원+공원'을 보유한 리옹의 자부심은 대단했다. 여름철이면 장미정원에서 아름다운 꽃도 볼 수 있다.

공원을 가로질러 호수 건너편으로 가면 현대미술관 Musée d'Art Contemporain 이 있고, 바로 옆에 007 시리즈 영화에 나왔다는 인터폴 건물이 있다. 얀은 이 건물과 관련한 재미난 이야기를 들려주었다. 리옹 사람들이 영화관에서 '007'을 보았는데 중간에 '인터폴'이라는 자막이 깔리면서 이 건물을 보여주더란다. 사람들은 미국 영화에서 자기네 동네 건물이 나오자 동시에 웃음을 터뜨렸는데, 다들 이곳에서 살기는 하지만 그 건물이 인터폴인지는 아무도 모르고 있었다고 한다. 영화 덕분에 자신을 포함한 모든 사람들이 인터폴이 리옹에 있다는 사실을 알게 되었단다.

공원 한가운데에 알록달록하고 귀여운 건물이 있어 가까이 가 보았다. 자세히 보니 몇 가지 캐릭터가 그려져 있다. 어린이들을 대상으로 한 인형극 전용 공연장이냐고 얀에게 물으니 '기뇰'을 모르냐며 펄쩍 뛴다.

광고 벽화인데 너무 생생하게 그려 길을 가다 깜짝 놀랐다.

12월이 되면 빛의 축제가 열린다.

리옹을 대표하는 인형, 기뇰(Guignol)

기뇰은 무르게 Laurent Mourguet가 1808년에 만든 인형이다(나이가 이미 2백 살을 넘었으니 가장 오래된 리옹 시민으로, 어린이부터 노인들까지 모두에게 전폭적인 사랑을 받는 캐릭터다). 직업은 백수, 취미는 몽둥이를 들고 경찰을 때리러 다니는 것이다. 이런, 꽤나 폭력적이다. 기뇰의 친구로는 술주정뱅이 그나프롱 Gnafron과 마들롱 Madelon이 있다.

 무르게는 원래 리옹의 견직 공장에서 일하다가 실업자가 되었는데, 돈을 벌기 위해 이곳저곳을 떠돌며 이를 뽑는 일을 했다고 한다. 사람들은 커다란 펜치로 이를 뽑는 무르게를 몹시 무서워했다. 그래서 사람들의 공포심을

없애기 위해 간단하고 재미있는 인형극을 보여 주기 시작했다. 바로 손가락 인형극! 이 인형극이 점점 대중적인 인기를 끌자 무르게는 이 뽑는 일을 그만두고 본격적으로 인형극을 시작한다. 공연은 순식간에 프랑스 전역으로 퍼졌는데, 정치적인 풍자 때문에 정부에서 금지하기도 했다고 한다. 외국에서는 기뇰이라는 말이 손가락으로 조정하는 인형을 부르는 대명사가 되었고, 영어로는 '펀치 & 쥬디 Punch & Judy'라고 부른다.

그러고 보니 구시가지에서도 이런 인형을 곳곳에서 보았다. 구시가지의 기념품 가게는 물론이고, 리옹의 모든 가게, 심지어 어제 간 식당의 메뉴판에도 기뇰의 그림이 그려져 있는 것을 보면 리옹을 대표하는 유명한 인물임이 틀림없다. 얀 또한 리옹을 대표하는 이미지는 기뇰이라고 주저하지 않고 말했다. 황금공원의 야외극장뿐만 아니라 구시가지에도 기뇰 전문 공연장이 세 개나 더 있을 정도라니 대단한 인기다.

숙소로 돌아오는데 사람들이 거리 곳곳에 형형색색의 조명을 설치하고 있었다. 매년 12월 첫째 주 금요일부터 4일 동안 빛의 축제 Fête des Lumiéres를 여는데 프랑스 내에서도 잘 알려진 유명한 축제다. 이 기간 동안에는 리옹의 주요 거리, 론 강과 손느 강 등 도시 전체가 환상적인 빛으로 물든다. 얀은 아티스트뿐만 아니라 일반 시민들도 이 축제에 동참한다며 이렇게 말했다.

"이 기간이 되면, 리옹 시민들은 모두 밤새도록 집 안에 초를 밝혀."

이 말을 들으니 문득 '빛의 축제 때문에 폴란드의 카페에서 그렇게 초를 찾았던 것일까?'하고 궁금해졌다.

프랑스인들의 영원한 자부심
샤모니 Chamonix

보통 '알프스'라고 하면 사람들은 대부분 '아, 스위스!'하고 자신 있게 말한다. 물론 맞는 말이다. 하지만 정답은 아니다. 알프스는 스위스에 있기도 하지만 동시에 이탈리아에도 있고, 또 프랑스에도 있다. 험난한 알프스를 중심으로 세 나라가 국경을 맞대고 있기 때문이다.

세 나라 중에서 유독 스위스의 물가가 가장 비싼데 왜 모든 사람들은 알프스를 보러 스위스에 갈까? 프랑스와 이탈리아의 알프스는 별로라서 그럴까? 몽블랑 펜의 명성만큼이나 몽블랑은 높고 스위스보다 아름다울까?

여러 개의 질문을 품고 도착한 샤모니의 가을은 몹시 추웠다. 높은 산에 둘러싸인 지형 때문인지 공기는 차가웠고 해도 일찍 저물었다. 그렇다 하더라도 다른 도시에서는 사람들이 대부분 점퍼를 입고 다니는데 여기 사람들은 모두 두꺼운 패딩을 입고 있다. 스키복을 입고서 스키 장비를 메고 거리를 걷는 사람들도 보였다. 스위스의 인터라켄은 그냥 알프스의 아름다운 마을 같은 느낌이었는데 이곳은 마치 동계올림픽에 온 것 같다.

이 마을의 정식 이름은 샤모니 몽블랑Chamonix Mont Blanc. 마을 자체가 매우 작은 데다 레포츠를 즐기려는 사람들의 거점지 역할을 하는 곳이어서 특별한 볼거리는 없다. 서유럽에서 가장 높고 알프스의 최고봉인 4810m의 몽블랑에 갈 수 있는 곳으로 유명하다. 산을 좋아하는 프랑스인들은 몽블랑에 오르는 것이 일생에 꼭 한 번은 경험해야 할 '사명'이라고 생각한다. 내가 만난 프랑스 아줌마 역시 자신이 20대 때 오른 몽블랑 이야기를 하며 행복해했는데, 산 정상까지 올라간 것에 대한 자부심이 대단했다.

등산보다 유명한 것이 있다면 바로 스키다. 샤모니는 1924년 동계올림픽이 열린 곳으로 스키어들의 꿈의 슬로프인 발레 블랑쉬Vallee Blanche, '하얀 계곡'이라는 뜻가 있다. 이 스키는 에귀 뒤 미디에서 발레 블랑쉬를 거쳐 샤모니까지 내려온다. 인공 눈이 아니라 천연 눈이고, 그해 내린 눈이 아니라 만년설과 빙하를 느낄 수 있는 슬로프다. 총 길이는 무려 24km, 세계에서 가장 긴 코스다. 내려오는 데만 여섯 시간이 걸린다.

몽블랑을 바라보고 있는 미셸 가브리엘 파카르

론 알프스
-
Rhônes-Alpes

알프스의 맑은 공기와 함께하는 발코니 트레킹 코스

안타깝게도 날씨가 좋지 않아서 몽블랑에 오를 수 없었다. 몽블랑도 백두산이나 한라산처럼 시시각각 날씨가 바뀌기 때문에 구름 없이 청명한 날씨를 만나기 힘들다. 대신 1년 내내 갈 수 있는 몽땅베르Montenvers, 1913m에 올랐다. 산악기차는 가파른 급경사를 천천히 오르기 시작하더니 30분쯤 지나자 몽땅베르에 도착했다.

이곳은 알프스에서 둘째, 프랑스에서 가장 큰 빙하인 메르 드 글라스Mer de Glace, '얼음의 바다'라는 뜻를 볼 수 있는 곳이다. 메르 드 글라스는 면적 40㎢, 길이는 7km에 달하는 거대한 크기를 자랑한다. 폭은 구간에 따라 700~1,950m며 얼음의 두께는 평균 200m다. 겨울철이면 이곳에서도 스키를 탈 수 있다.

거대한 빙하를 구경하고 굴다리 건너편에 있는 야생동물 전시관Musée Alpine Fauna에 들렀다. 밖으로 나오니 오른쪽을 향해 길이 나 있었다. 표지판을 읽어 보니 트레킹 루트다. 샤모니의 관광안내소에서 4시간짜리 '발코니 트레킹' 코스를 소개해 주었는데 바로 그곳이다. 발코니라는 이름을 붙인 이유도 몽땅베르와 몽블랑으로 가는 라인에 있는 '쁠랑 드 레귀이Plan de l'Aiguille, 2317m'가 수평으로 연결되어 발코니처럼 이어지기 때문이다.

등산화는 아니지만 다행히 운동화를 신고 있어서 길을 나섰다. 루트는 그리 어려운 코스가 아니지만, 신발 때문에 눈길에 미끄러지지 않도록 조심해야 했다. 알프스의 맑고 차가운 공기가 폐 속 깊은 곳까지 채워지는 것이 느껴졌다. 숲의 향기는 달콤했고 발걸음은 나는 듯 상쾌했다. 머릿속은 또렷해지고 두 눈은 아름다운 풍경을 감상하느라 시간 가는 줄 몰랐다. 프랑스의 알프스도 좋구나. 한국 여행자들이 많이 찾았으면 좋겠다.

샤모니로 가는 기차. 밖의 전경을 잘 볼 수 있게 만들어졌다.

샤모니 몽블랑 역 뒤로 알프스가 병풍처럼 펼쳐져 있다.

론 알프스
-
Rhônes-Alpes

몽블랑에 최초로 오른 사람은 누구일까?

얼마 전 텔레비전에서 히말라야 등정에 관한 이야기를 방송했다. 내 흥미를 끈 것은 한국의 누가 에베레스트의 봉우리를 몇 개나 올라 세계에서 어떤 기록을 세웠느냐가 아니라 이들을 보좌해 주는 '세르파'에 대한 이야기였다.

'세르파'는 히말라야 근방의 산악 지역에 거주하는 세르파족을 말하는데, 고산 등반 가이드로 유명한 부족이다. 이들은 베이스캠프에서부터 등반 지점까지 등산 장비를 수송하고, 등산가들을 안내하는 역할을 수행한다. 많은 등산가들이 이들에게 의존해 아무런 짐 없이 정상에 오른다. 하지만 우리는 히말라야를 오른 등산가를 칭송할 뿐, 그 등산가의 짐을 들고 함께 봉우리를 오른 세르파의 이름도, 이들의 노고도 알지 못한다.

그렇다면, 몽블랑은 어땠을까? 서유럽에서 가장 높은 산인 몽블랑에 오르는 것은 18세기 중엽에 유럽인들의 관심을 끌기 시작했다. 최초로 이 산에 오른 사람은 미셸 가브리엘 파카르Michel-Gabriel Paccard, 사르데냐인(오늘날 이탈리아), 1757~1827년다. 직업은 의사였으며 샤모니에서 태어났다. 몽블랑에 오르기 위해 여러 차례 시도를 하다가 1786년 8월 8일 최초로 몽블랑에 오른 사람으로 기록되었다.

샤모니의 중심에 있는 발마 광장Place Balmat에 가면 몽블랑을 바라보는 미셸 가브리엘 파카르의 동상을 볼 수 있다. 그리고 그 옆에는 손가락으로 길을 알려 주는 듯한 남자 동상이 있다. 바로 미셸이 몽블랑에 오를 수 있도록 안내해 준 가이드, 자끄 발마Jacques Balmat, 사르데냐인, 1762~1834년다.

그 동상이 서 있는 광장의 이름이 발마 광장이라는 것은 무엇을 의미하는 것일까? 프랑스 역사는 자끄 발마의 이름을 기억하고 있었다. 사르데냐의 왕 역시 자끄 발마에게 '르 몽블랑Le Mont Blanc'이라는 존경의 뜻을 표했고, 그야말로 몽블랑에 최초로 오른 사람으로 기억되었다.

히말라야에서도 세르파의 이름이 세계 등산가들의 이름과 함께 오를 그 날을 기다려 본다.

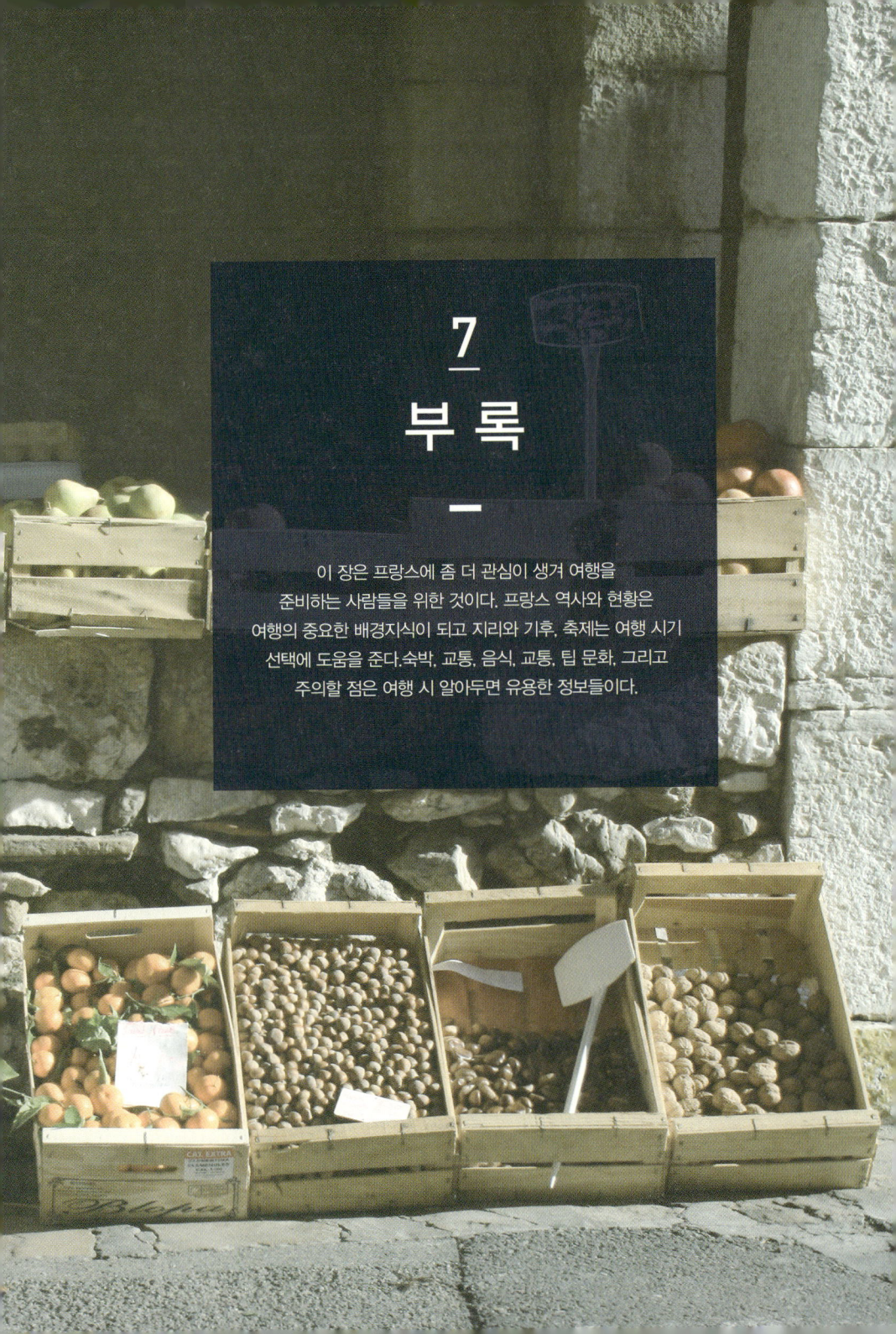

7
부록

이 장은 프랑스에 좀 더 관심이 생겨 여행을
준비하는 사람들을 위한 것이다. 프랑스 역사와 현황은
여행의 중요한 배경지식이 되고 지리와 기후, 축제는 여행 시기
선택에 도움을 준다. 숙박, 교통, 음식, 교통, 팁 문화, 그리고
주의할 점은 여행 시 알아두면 유용한 정보들이다.

프랑스, 좀 더 알기

프랑스의 역사

프랑스 파리에 첫 정착민이 생긴 것은 기원전 4000년 전후다. 이후 기원전 25년 율리우스 카이사르의 지배하에 시떼 섬과 그 주변은 정착촌을 이루며 발전하기 시작했다. 로마제국 당시의 역사적인 사건으로는 기원후 250년 파리 최초의 주교였던 생 드니가 몽마르뜨에서 참수당한 일이다. 생 드니는 프랑스의 첫 번째 수호성인이 되었다. 파리 여러 성당에서 잘린 머리를 든 생 드니 동상을 찾을 수 있다.

5세기 로마제국의 멸망 이후 게르만족인 프랑크 왕족의 지배가 시작됐다. 메로빙거 왕조의 시작으로 중세시대가 막을 연다. 10세기에는 노르만족과의 싸움을 승리로 이끈 파리의 백작, 위그 카페가 카페왕조를 세우면서 파리 중심의 프랑스 역사가 시작되었다.

11세기에서 13세기 말까지는 제1·2차 십자군 전쟁을 벌이며 부를 축적해 봉건사회의 기초를 다지는 시기였다. 가톨릭의 발전과 번영에 따라 12세기 무렵 신학을 가르치는 소르본 대학이 세워졌고, 1248년 루이 9세는 십자군전쟁에서 가져온 예수의 가시면류관을 보관하기 위해 생 샤펠 성당을 지었다. 노트르담 대성당은 1345년에 만들어졌다.

14세기 중반부터 영국과 프랑스 간에 지

역 경제권 다툼으로 백년전쟁이 일어났고, 페스트로 많은 사람들이 목숨을 잃었다. 시떼 섬은 왕과 제1신분의 섬으로 정착되었고 바로 옆의 생 루이 섬은 귀족들의 섬이 되었다. 15세기, 샤를 7세는 잔다르크의 도움으로 프랑스를 승리로 이끌었고 그의 아들은 작은 왕국을 통일시켜 프랑스 발전의 기틀을 잡는다.

프랑스가 시작된 시떼 섬

16세기 초는 르네상스가 꽃 핀 시기로 이때 유럽의 예술 거장들을 퐁텐블로 성이나 루브르 궁 등으로 데려와 작품 활동을 하게 했다. 레오나르도 다빈치도 이 시기에 앙부아즈 성으로 오게 되었고 루브르 박물관의 모나리자도 이때 반입되었다. 16세기 중반부터 프랑스는 가톨릭과 위그노(신교)간의 종교전쟁으로 한동안 혈전이 벌어졌다. 이 전쟁은 1685년 앙리 4세가 선언한 『낭트칙령』으로 끝을 맺고 프랑스는 빛의 시대를 맞이한다.

17~18세기는 프랑스의 황금기였다. 경제적 번영과 동시에 철학이 꽃 핀 시기이기도 했다. 루이 13세부터는 강화된 왕권과 축적된 부를 기반으로 화려한 궁정생활이 지속된다. 그 최고는 루이 14세로 왕권이 하늘을 찌르는 시기였다. 볼테르, 몽테스키외, 루소와 같은 위대한 사상가들이 활동한 시기도 바로 이때였다. 그러나 미국 독립전쟁을 과도하게 지원하여 왕실재정이 파산 직전의 상황에 처하게 된다. 부를 독차지하던 왕실과 성직자, 귀족에 반발한 부르주아지들은 시민들과 함께 1789년 프랑스혁명을 일으켰다.

스스로 황제가 된 나폴레옹

혁명은 피바람을 몰고 파리 시를 한동안 뒤흔들었다. 그렇게 왕정을 무너뜨리고 군

주제를 폐지한 시민들은 아이러니하게도 군사쿠데타로 정권을 잡은 나폴레옹을 선택했다. 1804년 나폴레옹은 노트르담 대성당에서 스스로 황제 즉위식을 연다. 전쟁에서 수많은 승리를 이끌었던 나폴레옹은 개선문을 세우고 파리 시에 입성하려 했지만 왕정복고 이후 100일 천하를 끝으로 세인트헬레나 섬에 유배되어 생을 마감한다.

에밀 졸라의 「나는 고발 한다」

1871년 3월 18일, 프로이센 전쟁에서 패한 프랑스 정부가 시민들의 고통과 요구에 무관심하자 도시빈민과 노동자들이 세계 최초의 사회주의 자치정부를 수립한다. 이를 파리코뮌이라 부르는데 이 사건은 두 달이 조금 못 되어 유혈사태로 진압되었다. 마지막까지 저항한 147명의 파리코뮌 병사들은 페르 라셰즈 공동묘지의 벽에서 모두 총살당했다.

1895년에는 드레퓌스 사건이 일어났다. 에밀 졸라는 《로 호르》에 대통령에게 보내는 「나는 고발 한다」는 글로 드레퓌스를 변호했고 1906년 무죄가 선고되었다. 유대인이란 이유로 억울한 누명을 쓴 드레퓌스 사건은 프랑스 지식인들의 사회적 실천에 대한 많은 고민을 하게 했다. 에밀 졸라의 묘는 팡테옹에, 드레퓌스의 묘는 몽파르나스 공동묘지에 안장되어 있다.

1914~1918년, 1939~1945년 제1·2차 세계대전이 일어나 유럽 전체는 전쟁의 포화 속에 힘든 시기를 겪게 된다. 제2차 세계대전의 승리를 이끈 드골 장군이 1958년 제5공화국의 대통령으로 임명되었다. 그 후 드골 대통령의 재임 기간에 68혁명이 일어난다.

68혁명은 학생들과 노동자들이 연합해 벌인 사회변혁운동으로 기존의 보수적인 체재에 저항하면서 일어났다. 총 400만 명이 시위에 가담했지만 혁명은 실패로 끝났다. 그러나 인권, 평등, 환경, 반전에 대한 가치를 재정립시키는 등 많은 사회적 변화를 이루어냈다. 이후 드골 대통령은 사임한다. 1981년 조르주 퐁피두 대통령이 뒤를 잇고 후에 발레리 지스카르 데스탱, 프랑수아 미테랑, 자크 시라크, 니콜라 사르코지를 거쳐 2012년 프랑수아 올랑드 대통령이 선출되어 오늘날에 이르고 있다.

프랑스는 어떤 곳일까?

프랑스의 정식 명칭은 프랑스 공화국La République Française, 수도는 파리Paris다. 대통령은 2012년에 당선된 프랑수아 올랑드 Francois Hollande다.

프랑스 전체 면적은 632,834㎢로 우리나라의 6.3배며, 인구는 약 6589만 명이다. 2014년 기준 GDP국내총생산량는 세계 20위(한국은 33위)를 기록했다.

프랑스의 주요 구성원은 초기에 정착한 켈트족, 후에 이곳을 정복한 로마인, 프랑크족이 섞인 라틴계 프랑스인이다. 현재는 아프리카와 중동, 아시아 등의 외국인들이 이민으로 유입되면서 유럽의 어느 국가들보다 다양한 인종들이 섞여 살고 있다. 토박이 프랑스인의 성향은 다소 보수적이고 완고하며 자국에 대한 자부심이 강하고 개성이 강하다.

박물관에서 수업중인 아이들

프랑스와 한국은 프랑스에서 파견한 가톨릭 선교사들을 통해 첫 인연을 맺었다. 1831년 로마 교황청이 조선 교구朝鮮敎區를 창설하고, 파리 외방 전교회MEP, Missions étrangères de Paris에 선교 임무를 맡겼다. 1836년 말, 앵베르 주교를 비롯한 3명의 선교사가 비밀리에 들어와 한국 최초의 신부 김대건을 탄생시키는 등 선교 활동을 펼쳤으나, 1839년 프랑스 선교사들은 모두 처형되고 말았다. 지금도 파리에 있는 MEP 본부에 가면 대한민국 선교 역사가 잘 설명되어 있다.

프랑스는 1886년 우리나라와 수교를 맺었다. 일제강점기에는 파리에 임시 정부 대표부가 만들어지기도 했다(1919~1924년). 현재 프랑스에 거주하고 있는 우리나라 교포 수는 약 1만 4천여 명으로 영국, 독일에 이어 세 번째로 많다(외교통상부 2013년).

최근에는 동양 문화에 대한 유럽의 관심이 점차 높아지면서 한국 문화에 대한 호기

심도 높아지고 있다. 한국 음식과 문화, 영화 등 다양한 분야에서 점점 친숙해지는 분위기다.

지리와 기후

프랑스는 유럽의 서부에 위치하고 있다. 동쪽으로는 독일, 스위스, 이탈리아와 국경이 맞닿아 있고 서쪽으로 대서양이 펼쳐진다. 영국과는 도버 해협을 사이에 두고 마주하고 있다. 남쪽으로는 스페인과 지중해, 북쪽으로는 벨기에, 룩셈부르크와 인접해 있다. 대부분 완만한 구릉과 평야로 이루어져 있으나 동쪽에는 알프스 산맥이, 서쪽에는 피레네 산맥이 걸쳐 있다.

지중해성 기후인 프랑스는 여름부터 초가을까지는 대체로 건조하며 비가 거의 내리지 않는다. 최근에는 이상 기후가 나타나 여름철 폭염으로 노약자들이 사망하는 사고도 종종 일어난다. 가을부터 겨울을 지나 초봄까지는 비가 많이 내리고 흐린 날들이 지속된다. 최적의 여행 시기는 5월 중순에서 10월 중순까지다.

음식

프랑스는 중국, 터키와 함께 세계 3대 요리 국가다. 세 나라들의 공통점이라고 한다면 단연 풍부한 식재료를 꼽을 수 있다. 프랑스 역시 지리적으로 지중해, 대서양과 인접해 있고 온화한 내륙 지역은 농업이 발달했다. 바다와 땅에서 풍부한 식재료를 얻기에 최상의 조건인 셈.

프랑스 음식은 다른 유럽 나라와 마찬가지로 육식을 주로 하는 메인 요리와 입맛을 돋우어 주는 에스까르고, 푸아그라 등의 전채 요리로 구성된다. 거기에 와인과 샴페인, 식사를 마무리하는 후식 요리까지 더해져 전체적인 맛의 조화와 미적 아름다움을 추구한다.

프랑스 음식은 지역별로 다양한 특성을 지닌다. 파리는 서울처럼 모든 지방의 음식들을 다양하게 즐길 수 있다. 프랑스에서 음식이 가장 맛있기로 유명한 곳은 바로 디

에스까르고, 푸아그라

구겔호프

종이 주도인 부르고뉴 지방이다. 와인과 코코뱅Coqauvin, 비프부르귀뇽Beef Bourguignon 등의 고기 요리가 발달되어 있으며 치즈도 유명하다. 노르망디 지방은 대서양을 접하고 있어 해산물 요리와 시드르 Cidre라는 사과주가 유명하고, 독일을 접하고 있는 알자스 로렌 지방은 양배추 절임과 돼지고기 요리, 구겔호프Kugelhopf 빵이 유명하다.

여행한다면 호텔이 적당하고, 외국인 친구들을 사귀고 싶은 개별여행자들에게는 호스텔이 좋다. 한국 음식과 한국 사람들이 그립다면 민박집을 선택하자.

파리의 호스텔

(숙박)

프랑스에는 다양한 형태의 숙박 시설이 있다. 40~50유로 정도인 별 1개짜리 저렴한 호텔부터 몇 천만 원대의 럭셔리한 5성급 호텔, 배낭여행자들이 선호하는 20~35유로의 호스텔과 한국인 민박집, 그리고 최근 많은 인기를 끌고 있는 100~200유로 가격대의 단기 임대 스튜디오Studio, 한국식으로 원룸까지 종류가 다양하다.

독립적인 공간을 선호하는 2인 이상이

(교통)

프랑스는 대부분이 평지여서 철도가 잘 발달되어 있다. 버스가 다소 저렴하지만, 기차가 훨씬 빠르고 시설도 잘 갖추어져 있기 때문에 프랑스에서 가장 많이 이용하게 되는 교통수단이다. 이전의 야간열차 구간들이 거의 TGV 노선으로 바뀌면서 프랑스 내에서 이동하는 것이 더 빠르고 편리해졌다.

부록
Special Chapter

프랑스의 기차역

TGV는 한국에서도 수입한 초고속 열차로 프랑스 철도국 홈페이지에서 예약할 수 있다. 유레일이나 프랑스를 포함한 철도패스 소지자라면 저렴한 예약비로 이용이 가능하다.

여행할 때 주의할 점

세계적인 관광대국인 만큼 사건과 사고도 많은 편이다. 문제는 대부분 소매치기와 도난 사고. 작은 마을에서는 거의 일어나지 않지만 대도시에서는 각별한 주의가 필요하다. 특히 파리와 니스를 주의하자.

항상 긴장을 해야 하는 곳은 사람들로 붐비는 관광 명소다. 기차역, 메트로, 버스, 트램에서는 가방을 항상 몸 앞쪽에 두고 옷핀이나 작은 열쇠가 있다면 잠가 놓는 것이 좋다. 자주 꺼내야 하는 지갑에는 최소한의 비용만 넣어 두자. 중요한 물품은 여행용 복대에 보관하거나 무료로 이용할 수 있는 숙소의 안전금고를 활용하는 것이 바람직하다.

화폐

프랑스는 유로(€)를 사용한다. 1유로는 한화로 약 1,350원(2014년 12월 기준). 사용하는 지폐와 동전의 종류는 다음과 같다.

지폐 €5, €10, €20, €50, €100, €200, €500
동전 €1, €2
보조통화 €1=100Cent 1Cent, 2Cent, 5Cent, 10Cent, 20Cent, 50Cent

팁 문화

팁 문화가 발달한 미국만큼은 아니더라도 프랑스에서도 팁 문화가 있다. 호텔이나 택시, 식당 등에서 팁을 주는 것은 보편적이다. 통상적으로 10% 정도를 주는 것이 좋다고 말하지만, 택시나 식당, 카페에서 팁을 낼 때는 잔돈을 거슬러 받지 않고 그냥 주면 된다. 예를 들어, 커피가 1.6유로였다면 2유로를 내고 나오는 식이다. 고가의 레스토랑이거나 서비스에 만족한 경우에는 원하는 만큼 넉넉하게 팁을 주면 된다.

쇼핑

프랑스의 물가는 한국보다 비싸지만 프랑스 제품(일반적으로 유럽 제품을 포함해서)은 저렴하게 구입할 수 있다. 특히 프랑스의 대표 음식이라 할 수 있는 와인과 치즈 등은 30~50% 저렴하며, 초콜릿이나 식자재 등도 한국보다 싼 편이다. 고가의 프랑스 명품도 한국보다 30~50% 정도 저렴한 가격에 구입할 수 있다. 면세 혜택은 물론 제품군까지 다양해 명품 쇼핑을 원하는 여행자들에게 인기가 많다.

화장품은 한국보다 제품이 다양하지만 한국의 면세점에서 할인 혜택을 받으면 더 저렴한 경우도 있으니 참고하자. 국내보다 확실히 좋은 가격에 구입할 수 있는 제품은 약국화장품이다. 아벤느, 비쉬, 라 로슈 포제, 유리아쥬, 꼬달리, 바이오더마 등의 제품을 30~70% 저렴한 가격에 구입할 수 있다. 아기용품이나 주방용품도 국내보다 훨씬 좋은 가격에 구입할 수 있다.

가장 저렴하게 구입하는 방법은 세일 기간을 이용하는 것이다. 프랑스의 세일은 30~50%에서 시작해 세일 마지막 기간에는 70~80% 할인해준다. 관광객뿐만 아니라 프랑스 현지인들도 이 시기를 노려 쇼핑을 즐긴다. 단, 세일 막바지로 접어들수록 사이즈가 없거나 좋은 물건이 품절되는 경우가 많다. 따라서 인기 있는 품목을 사려면 할인율이 낮더라도 세일 초기에 방문하는 것이 유리하다. 여름 세일은 6월 마지막 주 수요일부터 4~6주 동안, 겨울 세일은 1월 둘째 주 수요일부터 4~6주 동안 열리는데 겨울 세일이 한 해 동안의 물건을 모두 정리하기 때문에 더 저렴하다. 프랑스어로 솔드 Soldes, 이 단어가 적혀 있는 매장을 본다면 관심을 가져 보자.

유명한 백화점으로는 갤러리 라파예뜨 Galeries Lafayette, 쁘렝땅 Printemps, 봉 마르셰 Bon Marché, 식자재로 유명가 있는데, 세일을 하지 않는 브랜드도 백화점 10% 할인 쿠폰을 이용하면 좀 더 저렴하게 구입할 수 있다. 또한 백화점 내에서 구입하는 여러 브랜드(루이뷔통 제외)를 통합해 합산하기 때문에 고가의 물품을 사지 않고도 면세 혜택을 받을 수 있어 편리하다.

부록
Special Chapter

축제

프랑스에는 다양한 축제들이 있다. 여행 시기를 축제 기간과 맞춘다면 잊지 못할 여행으로 남을 것이다. 단, 축제 시기에는 숙소를 일찍 예약해 둬야 한다.

2월 레몬 축제 La Fête du Citron
1934년부터 시작된 대규모 축제로 매년 2월 중순부터 20일 동안 계속된다.

니스 카니발 Carnaval de Nice
리비에라 지역에서 여는 가장 큰 축제로 2월 중순부터 보름간 열린다.

6월 하지 음악 축제 Fête del la Musique
매년 6월 21일 프랑스 전역에서 열리는 음악 축제로 전문 연주자부터 어린이들까지 모두 악기를 가지고 거리로 나온다.

7월 국제 연극 축제 Festival d'Avignon
1947년부터 시작한 세계적인 연극 축제로 7월 첫째 주 금요일부터 20여 일간 열린다.

7월 14일, 혁명기념일 Fête Nationale
파리를 비롯한 프랑스 전역에서 열리는 혁명기념일 축제다. 파리에서는 22:30에 샤이요궁에서 펼쳐지는 불꽃놀이가 볼 만하다. 당일에는 오전 09:00부터 개선문에서 샹제리제, 꽁꼬르드 광장까지 웅대한 기념 퍼레이드가 이어진다.

11월 보졸레 누보 와인 축제 Fête des Beaujolais Nouveau
1951년에 시작한 와인 축제로 보졸레 누보는 매년 11월 셋째 주 목요일 자정을 기점으로 판매된다.

12월 빛의 축제 Fête des Lumières
매년 12월 첫째 주에 4일간 열리는 빛의 축제로 리옹에서 열린다.

공휴일

프랑스는 가톨릭 국가로 주로 가톨릭과 관련한 공휴일이 많다.

1월 1일 **설날**
4월 5일 **부활절***
4월 6일 **부활절 월요일***
5월 1일 **노동절**
5월 8일 **승전기념일**
5월 14일 **예수승천일***
5월 24일 **성령강림절***
5월 25일 **성령강림절 월요일***
7월 14일 **혁명기념일**
8월 15일 **성모승천일**
11월 1일 **만성절**
11월 11일 **휴전기념일**
12월 25일 **성탄절**

*2015년 기준(매년 변동됨)

지금 이 순간
프랑스

초판 1쇄 | 2015년 1월 12일

지은이 | 박정은

발행인 겸 편집인 | 유철상
책임편집 | 이유나
디자인 | 노세희
교정·교열 | 이유나
마케팅 | 조종삼, 남유니, 임지연
사진 | 박정은

펴낸 곳 | 상상출판
주소 | 서울시 동대문구 정릉천동로 58, 103동 206호(용두동, 롯데캐슬피렌체)
구입·내용 문의 | **전화** 070-8886-9892~3 팩스 02-963-9892
이메일 | cs@esangsang.co.kr
등록 | 2009년 9월 22일(제305-2010-02호)
찍은 곳 | 다라니

※ 가격은 뒤표지에 있습니다.

ISBN 979-11-86163-17-7(13980)

© 2015 박정은

※ 이 책은 상상출판이 저작권자와 계약에 따라 발행한 것이므로
   본사의 서면 허락 없이는 어떠한 형태나 수단으로도 이용하지 못합니다.
※ 잘못된 책은 구입하신 곳에서 바꿔 드립니다.

www.esangsang.co.kr